北京市社会科学基金项目资助
项目编号：21JJB011

碳中和目标下
北京市土地利用结构优化研究

杨　博◎著

经济日报出版社
北　京

图书在版编目（CIP）数据

碳中和目标下北京市土地利用结构优化研究 / 杨博著. -- 北京 : 经济日报出版社, 2025. 8.
ISBN 978-7-5196-1055-5

Ⅰ. F299.271

中国国家版本馆 CIP 数据核字第 2025XF6956 号

碳中和目标下北京市土地利用结构优化研究

TANZHONGHE MUBIAOXIA BEIJING SHI TUDI LIYONG JIEGOU YOUHUA YANJIU

杨 博 著

出版发行：经济日报出版社
地　　址：北京市西城区白纸坊东街 2 号院 6 号楼
邮　　编：100054
经　　销：全国各地新华书店
印　　刷：北京天宇星印刷厂
开　　本：710mm×1000mm　1/16
印　　张：10.5
字　　数：165 千字
版　　次：2025 年 8 月第 1 版
印　　次：2025 年 8 月第 1 次
定　　价：56.00元

本社网址：www. edpbook. com. cn，微信公众号：经济日报出版社

目录

CONTENTS

第一章　绪论

第二章　北京市土地利用数量和结构变化分析

第一章

绪 论

第一节　选题背景

气候变化是当前人类面临的最大生态危机，积极应对气候变化已经成为全球政治共识。以全球变暖为主要特征的气候变化给自然生态系统和人类社会可持续发展带来了越来越严峻的挑战（郝志新等，2020；徐冠华等，2013），为了解决这一人类发展共同面临的问题，2020 年 9 月 22 日，国家主席习近平在第七十五届联合国大会上正式提出“二氧化碳排放力争于 2030 年前达到峰值，努力争取 2060 年前实现碳中和”的“双碳”目标。2021 年 3 月 15 日，中共中央总书记、国家主席、中央军委主席、中央财经委员会主任习近平主持召开中央财经委员会第九次会议并发表重要讲话强调：“实现碳达峰、碳中和是一场广泛而深刻的经济社会系统性变革，要把碳达峰、碳中和纳入生态文明建设整体布局，拿出抓铁有痕的劲头，如期实现 2030 年前碳达峰、2060 年前碳中和的目标。”

北京作为中国首都和首善之区，明确提出到 2050 年将北京建成更高水平的国际一流的和谐宜居之都，成为富强民主文明和谐美丽的社会主义现代化强国首都、更加具有全球影响力的大国首都、超大城市可持续发展的典范，建成以首都为核心、生态环境良好、经济文化发达、社会和谐稳定的世界级城市群。北京市率先在全国实现碳中和目标，对其未来能否建成一个更加集约、高效、高质量发展的世界大都市影响深远，对其他城市实现碳达峰和碳中和更具重要的参考价值。

土地利用是造成温室效应的主要人为因素之一（霍顿，2003；方精云等，2011），其通过改变地表自然覆被和人类活动强度来影响不同土地利用类型所承载的自然及人为碳通量。从土地利用变化的视角开展碳吸收和碳排放研究，有助于评估人类活动对环境的影响程度和推动城市向低碳经济与可持续发展转型（杨庆媛，2010；韩骥，2016）。从区域可持续发展角度看，对碳排放的空间依赖关系及影响因素进行研究，能为区域可持续发展提供科学途径（王庆日等，2020）。土地利用通过改变地表自然覆被和人类活动强度影响不同土地利用类型所承载的自然及人为碳通量，成为继化石燃料外对全球大气 CO_2 含量增加贡献第二大的人为影响因素。以2019 年全球碳排放量估算的 401 亿吨 CO_2 为例，其中 14% 由土地利用变化产生（曲福田等，2011；赵荣钦等，2012）。区域的快速发展是现代经济增长的标志，但区域快速发展中的城市化又成为能源资源消耗和碳排放的主要来源。[①] 我国 70% 的碳排放来自城市，到 2030 年这一比例将升至 80%。[②] 随着区域城市化进程的加快，碳排放减排和达峰控制对碳达峰目标的实现至关重要。从区域土地利用变化的视角开展碳排放研究，有助于评估人类活动对环境的影响程度和推动区域向低碳经济与可持续发展转型，对于探讨区域减排路径，促进区域经济走可持续发展之路、低碳之路具有重要意义（曹颖等，2020；韩骥等，2016）。

第二节 相关概念界定

一、碳循环

碳循环（Carbon Cycle）是指碳元素在地球上的生物圈、岩石圈、水圈及大气圈中交换，并随地球的运动循环不止的现象，维持着地球生态系统的碳平衡。这一现象是全球性的，具有循环性和动态性，涉及多种物理、化学和生物过程，对维持地球生态平衡和气候稳定起着关键作用。碳循环主要通过以下方式实现：

光合作用：植物通过光合作用将大气中的 CO_2 转化为有机物，同时释放氧气。这是碳从大气进入生物圈的主要途径。

呼吸作用：动植物通过呼吸作用将有机物分解为 CO_2，释放回大气中。这是碳从生物圈返回大气的主要途径。

沉积和地质作用：死亡的植物和动物残骸经过长时间的沉积和地质作用，形成化石燃料（如煤、石油和天然气），这些碳储存在岩石圈中，通

---

① 中国科学院公布“碳中和”框架路线图研究进展 – 生态中国网，http：//www.tanjiaoyi.com/article-33116-1.html。

② 做好“加减法”，成都攻坚能源消费结构转型。

常以千年为单位进行循环。

碳循环的层次可以是生物圈与大气圈的循环，以百年为周期，涉及植物光合作用、动物呼吸作用等自然过程；或是深海碳循环，以万年为周期，通过碳酸盐的沉积和溶解过程，调节大气中的 CO_2 浓度；也可以是岩石圈碳循环，以千年以上为周期，包括化石燃料的形成和地质碳的储存。

碳循环涉及多个碳库，地球上最大的碳库是岩石圈和化工燃料，含碳量占大气总碳量的 99.9%，以化石燃料、石灰岩和白云岩等形式存在，活动缓慢，是长期碳储存的主要场所，属于慢速碳循环活动。快速碳循环活动包括大气库（主要以 CO_2 形式存在，是碳循环的重要组成部分）、生物圈库（包括陆地植被、土壤有机物和海洋生物，是碳的直接储存场所）和海洋库（溶解的 CO_2 和碳酸盐构成了海洋碳库，通过海洋与大气的交换影响碳循环），这三个活跃的交换库通过光合作用、呼吸作用、分解等方式迅速循环碳，大气中的 CO_2 约 20 年更新一次。

人类活动对碳循环有显著的影响，可以改变碳循环的平衡。例如化石燃料燃烧，大量释放 CO_2，导致大气中 CO_2 浓度急剧增加，引发全球变暖和温室效应；土地利用变化，如森林砍伐减少了碳汇，加剧了碳排放；农业活动，如化肥施用和畜牧业增加了温室气体排放。

碳循环是一个复杂的系统，其平衡对地球生态系统和气候具有深远影响。人类活动对碳循环的干扰需要通过科学研究和技术手段加以缓解，以实现可持续发展和应对气候变化。

二、碳中和

碳中和（Carbon Neutrality）是应对全球气候变化的重要概念，其核心目标是通过减少温室气体排放和增加温室气体吸收，实现人为 CO_2 排放与清除之间的动态平衡，从而达到 CO_2 净排放为零的状态。这一概念涉及多个层面的复杂系统工程，包括气候、生态、能源、环境和社会等领域的综合协调（陈迎，2022；陆旸等，2024）。

根据联合国政府间气候变化专门委员会（Intergovernmental Panel on Climate Change，IPCC）的定义，碳中和是指当一个组织在一年内的 CO_2 排放通过 CO_2 去除技术应用达到平衡，就是碳中和或净零 CO_2 排放。净零排放是指一个组织一年内所有温室气体（以 CO_2 当量衡量）排放量与温室气体清除量达到平衡。可见，碳中和目标只与 CO_2 有关，而“净零”目标包括所有温室气体。普遍认可的碳中和定义是指国家、企业、地区等在一定时间内人为活动直接和间接排放的 CO_2，与其通过植树造林、碳捕集利用等手段吸收的 CO_2 相互抵消，实现 CO_2“净零排放”。碳中和强调的是人为活动产生的碳排放，而非自然来源的碳排放。

碳中和不是绝对无排放，而是通过减少碳排放和增加碳吸收两条主要路径来实现。减少碳排放可以通过节能减排、能源转型等方式实现；增加碳吸收则依赖于自然碳汇（如森林、湿地）和人工技术手段（如碳捕集利用与封存技术）等。此外，碳中和还涉及碳补偿机制，即通过购买碳信用额度来抵消剩余的碳排放。从技术层面看，碳中和涉及碳的产生、捕集、输送、利用和封存等全过程技术体系。例如，清洁能源技术（如太阳能、风能等）可以显著降低能源供给侧的碳排放；而碳捕集利用与封存技术则可以在工业生产中直接减少碳排放（胡志宇等，2023）。

碳中和不仅是技术问题，更是经济和社会发展的综合性问题。实现碳中和需要全社会共同努力，包括政府、企业、公众和国际社会的共同参与。例如，中国提出“双碳”目标后，需要通过构建清洁低碳安全高效的能源体系、开发绿色低碳技术、完善绿色低碳政策和市场体系等一系列措施来实现该目标（杜鹏程等，2022）。

碳中和强调通过减排和增汇的双重努力，实现人类社会活动对自然环境的零影响。这一目标不仅有助于减缓全球变暖，还能促进经济可持续发展、保护生态环境，并提升产业竞争力。然而，实现碳中和面临诸多挑战，包括技术成本高、政策执行难度大以及国际合作的复杂性等。

三、碳源和碳汇

碳源（Carbon Source）指自然界或人类活动中向大气排放温室气体、气溶胶或温室气体前体的过程、活动或机制。具体表现为工业生产中能源燃烧、动植物的呼吸作用以及火山喷发等向大气中排放 CO_2 或是由 CO 经化学作用间接转化成的 CO_2。大气温室气体主要有自然源和人为源两种。自然源是指没有任何人为因素干扰的生物体或陆地生态系统向大气中排放

CO_2，人为源是由人为活动导致的 CO_2 排放，是引起大气中温室气体浓度上升的主要因素。

碳汇（Carbon Sink）即温室气体的汇，是指从大气中清除温室气体、气溶胶或温室气体前体的任何过程、活动或机制（IPCC，1990）。碳汇是与碳源相对应的概念。普遍观点认为，当生态系统固定的碳量大于排放的碳量时，该系统就成为大气 CO_2 的汇，简称碳汇（方精云，2007）。陆地上主要的碳汇系统是森林生态系统、草地生态系统和农田生态系统。碳汇主要包括林地、草地、城市园林绿地、耕地等生产性土地上植被的碳吸收。

由于建设用地上承载着工业、批发零售业、居民住宅区等，人们进行生产生活会消耗大量能源，所以将建设用地作为主要碳源地考虑。在农业生产中，农业机械使用等也会产生一定量的碳排放，耕地兼有碳源和碳汇两种功能。林地和草地是陆地生态系统中主要固碳的生态系统，通过光合作用吸收 CO_2 进行固碳作用。由于北京市城区园林绿地覆盖率较高，这些园林绿地在维持和调节气候上也起着重要的作用。

四、碳排放

碳排放（Carbon Emission）是指人类活动或自然过程中向大气中释放温室气体（主要是 CO_2）的过程，是全球气候变化的主要驱动力之一。主要排放源包括化石能源燃烧（如煤、石油、天然气）、工业过程（如水泥生产）、土地利用变化（如森林砍伐）、交通运输（如废气排放）等。碳排放广义上涵盖所有温室气体，如二氧化碳（CO_2）、甲烷（CH_4）、氧化亚氮（N_2O）等，但通常以二氧化碳当量（CO_2e）作为量化指标。碳排放对气候变化的影响主要体现在温室效应上。温室气体在大气中吸收地表辐射并重新辐射回地表，导致地球表面温度升高，形成温室效应。而温室效应又会导致全球变暖、极端气候等环境问题，因此，控制碳排放不仅是应对气候变化的重要手段之一，更是人类可持续发展的关键。

据 2020 年气候观察（Climate Watch）统计数据[①]，从碳排放的来源来看，能源活动是主要的排放源，占全球总排放量的 74.66%。具体来说，能源活动中的发电和供热环节贡献了 42.79% 的排放量，交通运输、工业活动以及制造业也占据较大比例。此外，土地利用变化和林业活动也是重要的碳排放来源。

碳排放的核算方法主要包括参考法和部门法。参考法基于国家能源消费总量估算 CO_2 排放量，而部门法则根据各分部门的能源消费量分别核算 CO_2 排放量。此外，企业碳排放通常分为范围一（直接排放）、范围二（间接排放）和范围三（价值链中的间接排放）。

碳排放是一个复杂且多维度的问题，涉及能源使用、工业生产、交通运输等多个领域。其管理与政策密切相关，需要综合运用政策法规、市场机制以及技术创新等多种手段加以控制，例如，碳排放权交易是一种通过市场机制实现减排目标的方式，企业可以通过购买或出售碳配额来满足其排放限制，以实现全球气候目标和可持续发展。

五、土地利用 / 土地覆盖变化

土地利用 / 土地覆盖变化（Land Use/Land Cover Change，LUCC）是指人类活动和自然过程对地表覆盖类型及其空间分布的改变。LUCC 是当今社会上研究的热点问题，被“全球环境变化人文计划”和“国际地圈与生物圈计划”共同设为核心项目。这一研究领域是全球变化研究的核心内容之一，涉及生态、经济、社会和环境等多个方面（李晓兵，1999；蔡运龙，2011）。

（一）土地利用 / 土地覆盖变化的定义与内涵

土地利用是指对土地的使用状况，侧重于土地的社会属性，是人类根据土地的自然特点，按照一定的经济、社会目的，采取一系列生物、技术手段，对土地进行长期或周期性的经营管理和治理改造活动。或者说，土

① 指对气候系统的持续观测与分析，常用于学术研究、环境政策制定及公众教育领域，国际组织如联合国环境规划署（UNEP）通过气候监视数据评估减排政策效果，https：//www.wri.org/initiatives/climate-watch。

地利用是一个把土地的自然生态系统变为人工生态系统的过程。因此，除了森林、草地等自然的陆地生态系统外，农业用地、商业用地、交通用地、居住用地等也都是土地利用的概念。如中国现行土地利用分类体系以中华人民共和国自然资源部组织修订的国家标准《土地利用现状分类》（GB/T 21010–2017）为基础，包含 12 个一级类和 73 个二级类。土地利用变化主要体现在土地资源数量、质量和土地利用结构在时间上的变化上，也包括土地利用类型组合方式和土地利用空间结构变化及其驱动因素和影响。

土地覆盖是指覆盖地表的自然营造物和人工营造物的综合体，不仅包括森林、草原、河流、滩涂、冰川及永久积雪、沙漠、戈壁等地表自然植被，也包括人工种植的水田、果园、茶园等农作物，以及居住场所、交通用地、沟渠等人工建筑物。由于视角不同，不同组织和学者对土地覆盖概念的定义也不尽相同。

（二）土地利用 / 土地覆盖变化的主要类型与影响

土地利用 / 土地覆盖变化可以分为三种主要类型：土地利用 / 覆盖转换（如森林转为农田）、土地利用 / 覆盖修改（如农田增加灌溉设施）以及维持现状（如农田保持不变）。这些变化对生态系统碳循环、生物多样性、水文循环、土壤侵蚀等产生深远影响。例如，森林向农田的转变会降低生态系统的碳储存能力，增加温室气体排放。

（三）土地利用 / 土地覆盖变化的驱动因素

土地利用 / 土地覆盖变化的主要驱动因素包括自然因素（如气候变化、地形地貌、土壤条件和自然资源等）和人为因素（如城镇化、农业扩张、退耕还林政策等）。例如，在中国黄土高原地区，气候变化导致干旱和降水模式变化，而农业扩张和退耕还林政策则显著影响了土地覆盖。此外，人口增长也被认为是土地利用 / 土地覆盖变化的重要驱动力之一。

（四）土地利用 / 土地覆盖变化的监测与动态分析方法

20 世纪 80 年代以来，遥感（Remot Sensing，RS）技术和地理信息系统（Geographic Information System，GIS）技术被广泛应用于土地利用 / 土

地覆盖变化的动态监测。例如，北京市海淀区通过变化向量分析法实现了对土地利用 / 土地覆盖变化的高精度监测。此外，混合动态监测方法结合了分类后比较法和变化矢量分析法，以减少误差累积并提高精度。

（五）土地利用 / 土地覆盖变化的环境效应

土地利用 / 土地覆盖变化对环境的影响是多方面的。例如，不合理的土地利用会导致土壤侵蚀加剧，城市化过程中绿地的减少会引发城市洪水和水土流失等。此外，土地利用 / 土地覆盖变化还会通过改变地表反照率、蒸散发过程等间接影响气候。

（六）土地利用 / 土地覆盖变化研究的意义与未来方向

土地利用 / 土地覆盖变化研究不仅有助于理解全球变化的驱动机制，还能为土地管理和政策制定提供科学依据。例如，通过优化土地利用规划，可以减少生态环境退化风险并提高土地资源的可持续利用。未来研究方向主要是改进土地利用 / 土地覆盖变化模型的尺度依赖性和数据问题，探索更高效的预测方法。

土地利用 / 土地覆盖变化是一个复杂且多学科交叉的研究领域，其研究不仅揭示了人类活动与自然过程的相互作用，还为应对全球环境问题提供了重要的理论支持和实践指导。

六、土地利用碳排放

土地利用碳排放是指由于土地利用方式的变化（如耕地、林地、草地、水域等的转换）以及人类活动（如农业生产和工业活动等）导致的碳排放。其核心是土地利用方式的改变对碳排放的影响，如何通过直接和间接途径影响碳循环，进而产生碳排放或碳吸收。这一机理涉及多个方面，包括土地利用类型、生态系统功能、人类活动以及区域经济发展等。

（一）土地利用类型与碳排放的关系

土地利用类型是决定碳排放和碳吸收的主要因素。根据现有研究，土地利用可分为耕地、林地、草地、水域、未利用地和建设用地等。

耕地：既是碳源也是碳汇。农业生产活动（如化肥施用、农药使用、农机燃料燃烧等）产生大量 CO_2，但农作物通过光合作用吸收部分 CO_2，因此耕地总体表现为碳源（张俊峰等，2014；陈艺等，2024）。

林地和草地：主要表现为碳汇。植被通过光合作用吸收大气中的 CO_2，并将其固定在植物体和土壤中，从而减少大气中的温室气体（陈艺等，2024）。

水域：通过浮游植物的呼吸作用和其他化学反应吸收 CO_2，也具有一定的碳汇功能（陈艺等，2024）。

未利用地：其碳排放或吸收能力取决于植被覆盖情况和土壤特性。

建设用地：主要表现为碳源。人类在建设用地上的活动（如工业生产、交通运行、建筑施工等）消耗化石燃料，释放大量 CO_2（蔡苗苗等，2018；陈龙高等，2024）。

（二）土地利用变化对碳循环的影响

土地利用变化对碳循环的影响是一个复杂且多维度的问题，涉及生态系统的物质循环、能量流动以及温室气体排放等多个方面。

土地利用变化是全球碳循环的重要驱动因素之一。森林砍伐、草地退化等行为会导致大量碳从生态系统中释放到大气中，从而加剧温室气体浓度的上升。森林砍伐被认为是土地利用变化中碳排放的主要来源，占土地利用变化碳排放的90%。森林砍伐导致植被减少，光合作用减弱，碳吸收能力下降，同时释放大量储存于树木中的碳；退耕还林则可以恢复植被，增加碳汇能力。农田减少和城市化扩张等也可以显著改变土壤碳储量和植被的碳吸收能力，导致碳排放的增加。城市化扩张导致建设用地增加，耕地减少，农业活动减少，碳吸收能力下降，同时工业和交通活动增加导致碳排放上升（陈龙高等，2024；黄怀玉等，2024；刘春英等，2024）。

（三）直接碳排放与间接碳排放

土地利用变化对碳排放的影响具有复杂性，涉及直接碳排放和间接碳排放两个方面。

直接碳排放：主要由植被生态系统（如森林、草地、林地等）的呼吸作用和土壤碳释放产生，耕地和建设用地则表现为碳源。例如，耕地在农业活动中因化肥施用、机械使用等产生碳排放。这类排放通常可以通过碳密度系数直接计算（刘春英等，2024）。

间接碳排放：主要由人类活动（如工业生产、交通运输等）在土地利用过程中产生。例如，建设用地扩张伴随着能源消耗和交通活动的增加，从而导致碳排放的增加。这类排放需要通过能源消耗数据和碳排放系数进行间接估算（陈龙高等，2024）。

（四）影响土地利用碳排放的因素

影响土地利用碳排放的因素是多方面的，包括自然因素、社会经济因素、土地管理方式和利用结构等。

自然因素：土壤特性、气候条件和植被类型等自然因素对土地利用碳排放有重要影响。例如，底层土壤有机碳含量和表层土壤泥沙含量对碳排放有显著影响。此外，植被的种类和密度也会影响碳储量和固碳能力，高生物量植被类型（如林地和草地等）通常能更好地吸收 CO_2。

社会经济因素：人口规模、城镇化水平、经济发展水平、能源结构和产业结构等因素对土地利用碳排放有显著影响。例如，人口规模的增加会导致土地利用强度的提升，进而增加碳排放；城镇化水平的提高可能通过土地扩张和能源消耗增加碳排放等。能源结构和能源效率也是影响碳排放的关键因素，高碳能源（如煤炭和石油等）的使用会显著增加碳排放，而清洁能源的使用则有助于减少碳排放。

土地管理方式：土地管理方式（如农业耕作方式、森林砍伐和退耕还林等）对土地利用碳排放有直接影响。例如，不合理的耕作方式会导致土壤碳库的减少，进而增加碳排放；而合理的土地管理措施（如植被恢复和土壤保护等）则有助于增强碳汇能力。此外，土地利用集约化程度的提高有助于减少碳排放，但过度集约化可能导致土地退化和生态功能下降，从而增加碳排放。

土地利用结构：土地利用结构的优化是降低碳排放的重要途径。例如，增加生态用地比例、减少建设用地比例可以提高土地利用的碳汇能力，降低碳排放，而建设用地比例的增加则会增加碳排放。此外，产业结构的优化（如提高第三产业比重）也有助于降低碳排放。

通过优化土地利用结构、提高土地利用效率以及推广低碳管理措施，可以有效降低土地利用的碳排放，为实现碳中和目标提供支持（张余等，2022；邹珊珊等，2022）。

（五）土地利用碳排放的测算方法

土地利用碳排放的测算方法主要包括碳排放系数法（通过已有的碳排放系数直接计算各类土地利用类型的碳排放量）、清单编制法（基于土地利用数据和活动数据，结合能源消耗和碳排放系数进行综合计算）和模型模拟法（如 IPAT 模型[①]、灰色理论模型等）（魏心雨等，2023；蔡苗苗等，2024）。

当前关于土地利用碳排放测算的研究已取得一定进展，但仍存在不足。一是数据具有局限性，长期、高质量的土地利用和碳排放数据不足；二是测算方法需要改进，现有方法多基于单一尺度或区域，缺乏跨区域、多尺度的统一框架；三是理论研究尚待进一步深化，需要进一步探索土地利用变化与碳循环之间的复杂动态关系。

七、土地利用低碳调控

土地利用低碳调控是实现“双碳”目标的重要手段，其核心在于通过优化土地利用结构、调整土地利用方式和加强土地管理，以减少碳排放并增加碳汇。以下从多个角度详细阐述土地利用低碳调控的策略和实践。

（一）优化土地利用结构

土地利用结构的优化是实现低碳目标的基础。通过优化土地利用类型和数量结构，可以显著降低碳排放并增加碳储量。例如，在碳储量最大化情景下，耕地面积比碳排放最小情景多出 6932.3 公顷，而水域面积减少 4199.42 公顷，这表明优化土地利用结构有助于提升碳汇能力（陈嘉诚，2023）。通过动态调控土地利用结构，可以有效降低碳排放（余德贵，2011）。

---

① IPAT 模型是环境社会学中分析经济、人口、技术与环境影响关系的公式模型，其表达式为 $I=P\times A\times T$，其中 I 代表环境影响，P 代表人口，A 代表经济财富，T 代表技术。

（二）控制土地开发强度与集约化发展

控制土地开发强度是减少碳排放的关键措施之一。合理规划土地利用、促进土地集约化发展能够提高土地利用效率，从而降低碳排放（魏心雨，2023）。同时，紧凑型土地利用模式也被认为是减少碳排放的有效途径，如长江中游城市群通过优化土地利用结构和增加森林覆盖率来实现低碳发展（单卓然，2013）。

（三）提升土地生态功能与碳汇能力

土地生态功能的提升是实现低碳目标的重要手段。例如，通过增加绿地、提高绿化覆盖率和改善植被结构等，可以显著增强城镇地区的固碳能力。此外，保护耕地和生态用地也是提升土地碳汇能力的重要措施。

（四）政策与经济手段的结合

土地利用低碳调控在实践中需要政策和经济手段的结合。例如，通过供地计划、用地价格、投资倾斜和税收等手段设置不同行业的碳准入门槛，可以有效引导土地利用向低碳方向发展（赵荣钦，2012）。此外，将碳排放权交易纳入土地开发规划也是一种有效的激励机制（余德贵，2011）。

（五）区域差异化的调控策略

土地利用低碳调控需要因地制宜，根据区域特点制定差异化策略。例如，不同区域的土地利用类型对碳排放的影响存在显著差异，因此需要针对不同区域制定具体的调控措施。与此同时，强调区域土地利用碳排放特征与经济发展之间的脱钩弹性，为区域低碳发展提供科学依据（黎孔清等，2017）。

（六）技术创新与模型应用

技术创新和模型应用是土地利用低碳调控的重要支撑。例如，通过

FLUS 模型① 模拟南昌市不同情景下的土地利用变化及其对碳排放和碳储量的影响，并提出相应的调控建议（陈嘉诚，2023）。此外，基于投入导向的数据包络分析（Data Envelopment Analysis，DEA）方法也被用于评估土地利用的低碳优化潜力（游和远等，2010）。

土地利用低碳调控需要从优化土地利用结构、控制土地开发强度与集约化发展、提升土地生态功能与碳汇能力、政策与经济手段相结合、实施区域差异化的调控策略以及技术创新与模型应用等多方面入手。通过这些综合措施，可以有效降低土地利用的碳排放，同时提升其碳汇能力，为实现“双碳”目标提供有力支持。土地利用低碳调控策略示意图如图 1–1 所示。

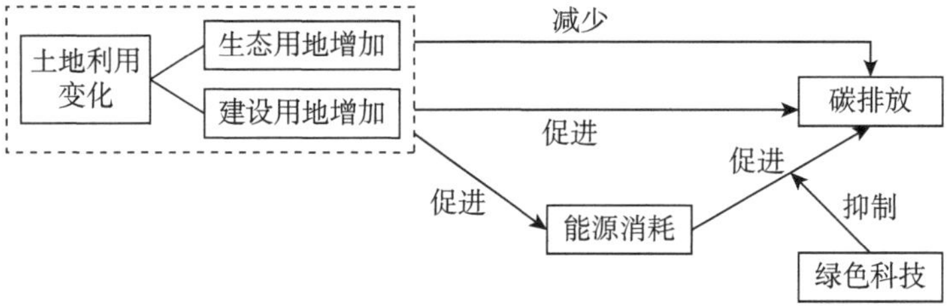

图 1–1　土地利用低碳调控策略示意图

第三节　国内外研究进展

国内外主要从土地利用变化的碳循环影响（王庆日等，2020）、土地利用变化的碳排放核算（Zhang et al，2012）、土地利用变化的碳排放效应（Christen et al，2010）、土地利用变化的碳排放效率及影响、碳中和目标下土地利用结构优化（Ali et al，2010）等方面开展相关研究，不仅推动了碳排放研究理论体系的完善，也在区域碳减排、土地利用低碳结构优化和区域可持续发展等方面发挥了重要作用。

---

① FLUS 模型（Future Land Use Simulation Model）是一种基于元胞自动机（CA）改进的土地利用变化模拟模型。

一、土地利用变化的碳循环影响研究

土地利用变化会通过改变生态系统的分布格局、土壤理化性质、土壤呼吸速率等，进一步影响生态系统碳储量和土壤碳通量（杨玉盛等，2007；葛全胜等，2008；赖力等；2016），是人类对陆地生态系统生物质生产进行改造的主要方式之一，也是影响陆地生态系统碳循环以及全球气候变化的关键因子，更是通过改变生态系统的结构（物种组成、生物量）和功能（生物多样性、能量平衡、碳循环、氮循环、水循环等），从而影响生态系统的碳循环过程与人类健康发展的有效路径。

土地利用随着变化趋势的不同，发挥的作用也不同，主要表现为碳源和碳汇两种形式。例如，化石燃料大量燃烧、不合理的土地利用活动等改变了碳循环的平衡性，使得大气中 CO_2 浓度升高，气候变暖加剧，此过程中的土地利用变化表现为碳源活动；再如，热带雨林中的碳占世界土壤碳的 27%（秦或等，2012），因此热带地区土地利用变化对全球碳循环的影响更大，该地区在减少空气中 CO_2 的含量方面具有巨大的潜力，此过程中的土地利用变化表现为碳汇活动。

国外学者早在 20 世纪 70 年代初便开始探究土地利用变化与陆地生态系统碳循环的关系，发现土地利用变化是引起 CO_2 含量变化的主要因素（博林等，1977）。土地利用变化对碳循环发挥的作用表现为碳源和碳汇两种形式（陈广生等，2007；张海凤等，2019）。波普劳等（2013）通过长时间序列的土壤监测数据发现，土地利用变化会引起土壤碳含量变化；丹尼斯等（1995）受到霍顿研究的启发，对南亚和东南亚地区的林业活动和能源消费的碳排放分别进行研究，发现前者引起的碳排放量是后者的 2 倍，并呈现不断增加的趋势。

土地利用变化与陆地生态系统碳循环关系的研究在我国起步较晚，但由于我国森林和土壤的调查数据较翔实，所以自 20 世纪 90 年代起，国内学者便基于土壤和森林调查积累的翔实数据，对生态系统植被碳密度和土壤碳密度及其对土地利用变化的响应等内容展开了较为深入的研究。早期研究多集中于大尺度、单一生态系统方面，如葛全胜等（2017）采用簿记模型，从时空差异角度测算了中国过去 300 年由土地利用变化引起的碳排放量。随着研究的深入，小尺度、不同生态系统土地利用变化对碳循环影响的研究工作也陆续开展。国内学者发现，建设用地占用耕地（姜群鸥等，2008）、林地转化为农田（马晓哲等，2015）等土地利用变化会造成生态系统碳储量减少，而农林活动会增加生态系统碳储量（方精云等，2001；赖力等；2016）。李正才等（2006）结合碳源、碳汇的概念，综合评价了土地利用变化对生态系统碳汇的影响，并提出增加生态系统碳汇功能的措施。基于能源消费和土地利用等数据，构建了土地利用变化碳排放效应研究的理论框架和计算模型，从时空角度探讨了省际、区际和流域等不同土地利用方式产生的碳源和碳汇状况，并从不同角度分析了其变化的影响因素（吴文佳等，2012）。不同土地利用方式下碳储量具有明显差异（张俊华等，2011；周洪华等，2011），如退耕还林、还草、草地转化为林地、耕地转化为湿地会增加土壤碳储量，林地转变为其他土地利用类型会造成土壤碳储量的下降（彭文英等，2006；王丽丽等，2009；揣小伟等，2011）。

二、土地利用变化的碳排放核算方法研究

土地利用碳排放量的计算包括基于陆地生态系统的碳排放核算和基于能源消费的碳排放核算两种方法，前者是从土地利用变化视角着手，分析其对土壤碳库的影响；后者是基于能源消费的视角，探究碳排放效应与经济增长、土地利用等的经济计量关系。在全球碳平衡的计算中，土地利用变化是估测陆地生态系统碳储存和碳释放中最大的不确定因素（利维等，2004）。陆地与大气间碳交换与平衡研究的方法可分为两种，以陆地为对象的自下而上的方法和以大气为对象的自上而下的方法。张俊等（2008）将生态系统碳库的估算方法归纳为三类，一是根据植被与气候和土壤之间的相互关系建立模型，称模型估算法；二是在分析土地利用类型的基础上，根据实地调查和统计来估计不同陆地生态系统类型的分布及其碳密度，称样地清查法；三是利用遥感数据的宏观估测。

对于大尺度生态系统碳循环研究来说，20 世纪 90 年代初期，土地利用研究主要通过土地利用统计和植被分布调查资料（霍顿，1991）以及经验模型（如迈阿密模型）（史密斯，1995）等来估计生态系统碳储量和生产力的空间分布及其变化，但这些资料以定性描述为主，应用的经验模型不

涉及碳循环变化的过程机理。20 世纪 90 年代后期以来，研究偏重于遥感资料和技术以及复杂机理模型的应用。而方精云（2000）对森林植被碳核算的研究大多基于系统的森林资源清查资料，采用改良的生物量换算因子法，研究森林碳库及其时空变化（方精云，2000；方精云等，2001），也另辟了研究途径。

霍顿等（1999）估算了全球、大洲以及典型国家土地利用变化的碳排放量，为后来的研究奠定了坚实的基础。威斯特等（2010）利用现有的碳存货清单和土地，通过卫星数据测算了 1990—2004 年美国农业用地的碳排放量，并建立了一套基于国家尺度层面的碳核算分析框架。葛全胜等（2008）从时空差异角度测算了中国过去 300 年由土地利用变化引起的碳排放量。有学者基于能源消费和土地利用等数据，构建了土地利用变化碳排放效应研究的理论框架和计算模型，从时空角度探讨了省际、区际和流域等不同土地利用方式产生的碳源和碳汇状况及其影响因素（孙艳芳，2015；冯杰等，2019）。还有学者结合土地利用空间布局，从能源消耗、工业产品、废弃物、土壤有机碳、植被等方面分析区域碳排放总量（揣小伟等，2011；周嘉等，2015）。

现有的碳排放估算常用方法主要有以下四种。

（一）模型估算法

从模型角度来看，可大致区分为薄记模型和空间模型两类。

薄记模型是基于大量调查和经验数据的年度时间序列记账模型（霍顿，1999），也是研究土地利用和林业碳排放的经典模型，可简单描述为某年的土地利用变化，导致部分植被碳燃烧释放或转移到砍伐物和木产品碳库中，而在接下来的年份中，植被恢复地生物量逐年吸纳碳，土壤逐年释放或吸收碳，砍伐物和木产品逐步向大气释放碳。

空间模型可分为经验模型和机理模型两大类。经验模型中最具代表性的是迈阿密模型和 Chicago 模型。机理模型按结构可划分为光合作用模型和呼吸作用模型（毛留喜，2006），如 Biome-BGC 模型[①]是研究模

① Biome-BGC 模型是一个用于模拟陆地生态系统中植被和土壤能量、水、碳、氮等生物地球化学循环过程的模型。

拟陆地生态系统植被、土壤中的能量、碳等的生物地球化学循环模型。CENTURY 模型[①]用于模拟草地、森林生态系统的碳元素的长期演变过程，模型参数包括月平均最高与最低气温、月降水量、植物木质素的含量、土壤质地等。其他的比较多用生物地球化学模型进行模拟，通过考察环境条件，包括温室、降水、太阳辐射和土壤结构等条件为输入变量来模拟森林、土壤生态系统的碳循环过程，从而计算森林—土壤—大气之间的碳循环以及温室气体通量。

（二）样地清查法

样地清查法是森林生态系统碳蓄积量测算的主流方法。应用采样地的生物量估算森林碳平衡的研究成果比较多，尤其是北半球中高纬度地区森林，由于长期的商业用途，对该地区的森林清查和土地利用变化进行了详细而广泛的记录，从而使应用采样地的生物量估算碳储量成为可能（张俊，2007）。加拿大、美国、欧洲、俄罗斯和中国都有森林综合清查报告。布朗等（1984）提出了基于森林植被材积的生物量估测方法，并据此估测了全球主要森林类型的地上生物量。这种方法不仅能够估测成熟林的生物量变化，而且也记录了一些受到自然扰动和人为活动影响的森林生物量变化，因此可以进行生物量变化的综合估算。

（三）涡度和箱法观测法

涡度法指的是某种物质的垂直通量，即这种物质的浓度与其速度的协方差，是研究陆地碳平衡最常用的方法之一。涡度观测技术被广泛地用于陆地碳平衡研究，可直接测量碳交换量而不会干扰环境，且具有研究尺度比较适合、样地可纵向空间扩展性、可连续观测的优点（陈世苹等，2020）。箱法是用具有一定体积的箱子罩在待测地表，隔绝箱体内外的空气，测定箱内空气中 CO_2 的变化速率，从而计算出地—气间 CO_2 的交换速率。这是一种直接测定碳通量的方法，具有原理简单、操作简单、成本低、结果相对准确等优点。在小范围内进行气体交换的动态变化测定、分析植被的生理状态和土壤呼吸时，箱法有着很强的优势，特别适用于土

---

① CENTURY 模型是指基于过程的陆地生态系统生物地球化学循环模型。

壤、草地、农田碳通量的研究（法兰克，2002；梅林，2005）。箱法是区域碳平衡研究中最常用的方法之一，具体包括静态和动态箱法、明箱和暗箱法等，是中国陆地生态系统碳通量观测网络中的主要方法之一。

（四）遥感和地图碳储量估算法

遥感和地图碳储量估算是先通过植被分类和分布面积量算，再根据不同类型调查样地的地上地下碳密度进行测算，土地利用 / 覆盖的分类法及碳密度参数的选择对结果影响较大。采用遥感估算法测算土地利用 / 覆盖变化的碳蓄积影响也是土地利用 / 覆盖变化研究的热点之一，多数研究的思路是采用土地利用转移矩阵或土地利用动态图斑，配合不同土地利用 / 覆盖类型间的碳密度差异，来估算碳蓄积差异。刘纪远等（2004）基于第二次土壤普查的土壤剖面资料和不同时期陆地卫星 Landsat 系列影像[①]（详见第二章第二节介绍），分析中国 1990—2000 年林地、草地、耕地之间的土地利用变化对土壤碳蓄积量的影响。姜群鸥等（2008）应用 GLO-PEM 模型[②]和 1988 年 NOAA/AVHRR 遥感数据[③]，估算了不同土地利用类型的植被碳密度，并估算了耕地转移对植被碳储量的影响。汤洁等（2008）基于实地采集的土壤、植物样品的测试数据和两期 Landsat 遥感影像数据，分析吉林省通榆县 1989—2004 年耕地、林地、草地、盐碱地、沙地等 11 种土地利用类型之间土地利用变化对土地生态系统有机碳库的影响。

三、土地利用变化的碳排放效应分析

土地利用变化碳排放效应分析的研究重点多集中于土地利用碳排放强度时空变化、影像因素及效率等方面。一是土地利用碳收支核算和效应分析。许多学者利用 IPCC[④] 清单方法和相关碳排放系数，对国家、省级

① 美国 NASA 的陆地卫星（Landsat）计划，自 1972 年 7 月 23 日以来陆续发射，是运行时间最长的地球观测计划。

② GLO-PEM 模型（Global Production Efficiency Model）是一种用于估算生态系统总初级生产力（GPP）的模型。

③ AVHRR，全称为 Advanced Very High Resolution Radiometer，是 NOAA 系列气象卫星上搭载的传感器。

④ 联合国政府间气候变化专门委员会（Intergovernmental Panel on Climate Change，IPCC）。

和县级等不同尺度土地利用的碳收支进行碳收支核算和时空差异分析（赖力等，2011；邢秀为等，2019；杨国清等，2019；张赫等，2020；秦岩等，2021）。一般而言，居民点及工矿、交通等建设用地是碳排放的主要来源，而林地、耕地等则是主要的碳汇（张思齐等，2017）。二是土地利用结构优化及碳排放效应评估研究。在区域土地利用结构调整对策的基础上，对碳源和碳汇的效应进行评估，提出面向低碳的土地利用结构优化方案。研究表明，基于碳排放最小化的土地利用结构优化能够起到较大的碳减排效果（李国煜等，2020）。三是土地利用碳排放驱动机制及因素分解研究。土地利用碳排放受多种因素影响，能源强度是碳排放的决定性因素（游和远等，2010），人口规模、富裕程度、技术水平、文化和政治经济结构等是土地利用变化的重要驱动因子（阿若武罗等，2018；孙岩等，2020），而能源效率、单位 GDP[①] 用地强度是碳排放的主要抑制因素（卢露，2021）。

土地利用对碳排放的影响可归纳为以下四点。

（一）森林、草地、湿地、农田等土地覆盖类型间的转换

刘纪远等（2004）根据中国 6 大行政区林地、耕地和草地之间的相互转换面积、土壤有机碳密度的变化率进行估算，表明土壤（30cm 和 100cm）有机碳蓄积量分别损失了 53.7TgC 和 99.5TgC。周涛等（2003）进行了国内土壤配对样本测试，结果显示，森林转变为耕地导致土壤有机碳含量减少 1.59 kgm^{-2}，而草地转为耕地以后土壤平均有机碳含量减少 3.5 吨 m^{-3}。Houhgton（2001）研究认为，土地利用变化导致亚洲热带地区森林生物量减少 58%，土壤碳储量下降 18%。1980 年前后，土地利用变化引起的碳排放量大约为该地区总排放量的 75%。Gaston（1998）研究发现，1980—1990 年，由于土地利用 / 覆盖的变化导致非洲热带森林地上部碳库减少 6.6PgC，其中 43% 起因于森林的砍伐，57% 来自于人类其他活动造成的生物量下降。Houhgton（2001）分析表明，1850—2000 年各种类型的土地利用变化（主要是森林的破坏）导致的 CO_2 净排放，全球为 156PgC，中国为 23PgC。中国在 1980—1990 年因土地利用变化导致的 CO_2 平均排

① 国内生产总值（China’s Gross Domestic Product，GDP）。

放量为 0.110 $PgCyr^{-1}$，1990—2000 年为 0.103 $PgCyr^{-1}$。

（二）耕地、未利用土地等转化为城市、工业、基础设施等各类建设用地

该类转化导致碳排放增加。中国由于人口迅速增长、城市建设和生活用地快速扩张、土地利用变化速率大大加快等原因，导致大量森林和草原转变为耕地，耕地转变为城市建设和工业用地，从而使植物残体释放更多碳素、更多土壤没有植被保护。另外，水土流失严重、耕作不当、沙漠化、过度开垦和放牧、草场退化，也是导致土壤有机碳释放的重要原因。

（三）农业生产对碳循环的影响

农业生产对碳循环的影响既是碳源又是碳汇。中国自 20 世纪 70 年代以来，由于植树造林、恢复植被，每年森林吸收的 CO_2 可以占到中国工业碳排放量的 5%。但是，一些地方通过农业产业结构调整，尤其是砍伐树木以及开垦草地，或将耕地开发为水域等，造成了一定程度的碳排放增加。Havhn（1990）研究结果表明，频繁的夏季撂荒使土壤含水量长期保持较高水平，加上耕作次数增加，加剧了残茬和土壤有机碳的分解，导致土壤有机碳水平下降。杨景成等（2003）认为，农田施肥通过增加土壤中作物残茬和根等有机质的输入，影响土壤微生物量及其土壤呼吸特征，进而增加有机碳含量。坎贝尔（2000）研究结果表明，长期施肥 30 年后土壤有机质增长 4%~6%。许燕萍（2008）等对农业内部土地利用类型转变进行了碳储量分析，认为短时间的土地利用变化对土壤有机碳储量的影响并不大。

（四）土地利用管理对碳存储的影响

大量研究和实验表明，森林、农田和牧场的管理会影响二氧化碳（CO_2）、甲烷（CH_4）和一氧化二氮（N_2O）的碳源和碳汇。如对水土流失、盐碱化等退化土地进行治理恢复、休耕、秸秆还田、改良土壤等，可以提高土壤有机碳含量。但是一些地方的土地整治往往导致土地资源的过度开发，造成湿地、荒草地减少，从而造成碳排放增加。生态系统的恢复、保护与管理实践可以储存、维持和增大土壤碳库。如范（1998）认

为，北美陆地碳吸收增加至少可归因于弃耕农田和砍伐迹地的森林再生长；苏塔尔（2003）通过实验得出长期过度放牧的退化草地围封5年和10年后土壤有机碳分别增加34gm^{-2}和156gm^{-2}的结论。方精云（2003）认为，中国森林生态系统在1948—1980年的碳源释放量为0.1022 PgCyr^{-1}，20世纪70年代后期至1998年森林碳储存量从4.138 PgC增加到4.175 PgC，增量为0.037 PgC，其中人工林的贡献为0.139 PgC，而天然林损失0.102 PgC。这说明通过森林管理措施增加碳截留是可行的。而土地利用结构与布局的不合理，也会造成土地利用系统之间的生态环境过程受到影响，从而造成碳排放增加。例如，不合理的用地结构，将导致生物栖息地破碎化，进而影响周围生境上的生物多样性，导致土地生态系统退化，碳汇能力降低。

四、土地利用变化的碳排放效率及影响分析

研究碳排放效率，对于全面把握土地利用转移中碳排放强度变化趋势、区域土地利用结构调整具有一定的意义。一是土地利用变化的碳排放效率分析研究。有学者采用DEA模型分析了土地利用变化的碳排放效率及空间差异，认为土地利用结构是造成碳排放效率差异的主要原因，土地利用程度是影响区域土地低碳集约利用的主要因素（游和远等，2010）；还有研究表明，虽然土地利用集约度与碳排放强度呈正相关关系，但提高土地利用的集约化，可有效减少碳排放量（许恒周等，2013；刘晔等，2019）。二是土地利用变化碳排放的效益及碳减排潜力评价研究。有学者开展了土地利用变化碳排放的经济、生态及固碳等效益的评价（赵荣钦，2012），也有学者开展了土地利用结构优化和调控的碳减排潜力分析，从土地利用视角为碳减排提供了可实施的途径（赖力等，2011；赵荣钦等，2014）。由于研究角度和研究区域及时序的不同，各影响因素对碳排放的影响程度也存在时空差异性。

（一）碳排放受经济增长的影响性

Burke等（2015）研究了189个国家在1961—2010年经济增长与碳排放量的关系，指出碳排放量会随着经济的增长而增加，且碳排放量在接下

来的几年会继续随经济增长而增加。常用的方法是利用环境库兹涅茨曲线（Environment Kuznets Curve，EKC）进行研究，国内外已有学者采用截面数据或面板数据进行实验，量化经济发展对环境的影响程度，发现两者关系呈现倒U型曲线。加莱奥蒂等（2016）、阿佩吉斯和潘尼（2009）以及朱启贵等（2012）开展的研究都验证了这一观点，但也有一些学者提出质疑，如Azlina（2014）和Baek（2015）认为环境库兹涅茨曲线的统计基础薄弱。

（二）碳排放受产业结构的影响性

王少鹏等（2010）和赵荣钦等（2014）在研究中指出，各国的工业化发展程度对碳排放量的影响存在差异，在低碳经济发展中产业结构优化是极为关键的一部分。昴格（1994）、苏塔斯等（2007）通过研究得出，重工业减少可有效降低整体能源消耗量。田亦陈等（2014）选择我国9个典型区域作为研究案例，对其CO_2排放与产业结构间的关系进行研究，指出农业、轻工业已逐步转变成重工业，从而导致CO_2排放量快速增加；服务业与建筑业等行业的生产结构发生变化，会在极大程度上增加CO_2排放量。

（三）碳排放受能源结构的影响性

由于世界所需能源量随着经济增长而不断增加，仅仅利用能源消费量减少的方式来维持大气碳平衡是远远不够的，利用低碳能源或者新能源取代高碳能源成为必然选择，由此也必然导致能源结构变化，进而产生新的能源结构问题。能源结构变化，实际上就是改变各能源的使用比例。牛冲槐等（2016）认为，清洁能源份额的上升在减排中发挥着重要作用。有些学者则持不同意见，认为能源结构变化无法在很大程度上影响碳排放，例如韩松（2016）通过数平均迪氏指数（Logarithmic Mean Divisia Index，LMDI）模型对1996—2010年中国的制造业进行碳排放变化分解，分解结果表明，能源结构在极小程度上影响CO_2排放，但并不是主要影响因素；再如，许小亮等（2016）得出的研究结论认为，在中国各发展阶段，能源结构对碳排放量的影响都只是适度的。

（四）碳排放受人口因素的影响性

人口结构及规模是否合理，会在极大程度上影响国家经济、能源甚至生态环境。孙作人等（2013）利用迪氏指数分解法，就人口因素对改变碳排放而带来的影响进行综合分析，分析结果得出，在碳排放量的贡献上，城乡人口结构要远远高于城镇。杨建亮等（2015）运用可拓展的随机性的环境影响评估模型（STIRPAT）对北京在1984—2012年的人口相关因素影响碳排放的情况进行分析，通过指数分解法研究得出，改变人口年龄结构会正面影响碳排放量，年轻人口的减少和老年人口增加会持续加大环境的压力。

（五）碳减排潜力影响

当前与节能减排、发展低碳经济问题相关的研究大多停留在国外研究成果的援引和介绍阶段，针对我国碳排放方面的研究主要侧重于宏观层面，涉及能耗强度和碳减排的研究也多限于三大产业层面或是能源统计年鉴中的粗略划分，而缺少省级区域中观层面的研究，具体到区域和城市的碳排放研究更为鲜见。北京作为首都，在推行节能减排、实现碳强度目标的工作上应起到带头作用，但仍缺乏对北京市有效开展节能减排行动的有力理论和实践指导。

五、碳中和目标下土地利用结构优化研究

碳中和目标下的土地利用结构优化对未来土地利用规划和土地资源的可持续利用具有重要作用。土地利用结构优化的碳减排潜力非常大，约为一般低碳政策的30%，在低碳型经济发展模式下进行土地利用结构优化的调控措施是非常有必要的（余德贵，2011）。

土地利用结构变化导致的碳排放表现在各土地利用类型之间的比例关系上，各土地利用类型所表现的碳汇或碳源功能不同，森林、草地一般表现为碳汇，建设用地则一般表现为碳源，河流、湖泊等水域用地碳收支几乎为零，如何分配各个土地利用类型在空间上的比例对区域碳循环有重要的影响。同一种土地利用类型的内部结构优化对碳排放也有很大的影响，

农业用地规模经营和整治会增加碳储量，建设用地上承载着工矿用地、城乡居民点、交通用地等，如果做到土地的集约节约利用，逐步减少新增建设用地规模，盘活存量建设用地，提高对未利用地的利用效率，会大大减少因土地利用导致的碳排放。如果一个地区表现为碳失衡，碳排放量远远大于碳吸收量，那么就要通过增加具有碳汇功能土地利用类型的比例来增加区域碳汇量。

土地利用结构调控不但要考虑多方面因素，还要跟该区域的社会经济等发展规划相协调。土地利用间接碳排放是生活在土地上的人类行为所致，比如冬天居民点因采暖消耗能源排放的 CO_2、交通用地上汽车排放的尾气、工业用地上生产设备等排放的废气等。不同生态系统之间的转换对大气的影响不同，有研究表明，农田向森林转化会减少碳排放量；森林向任何其他生态系统的转化会增加 CO_2 排放量；不同土地利用类型之间的转化对碳循环的影响也很大，有研究显示，沼泽地转为水田后碳排放降低，而转化为旱地后碳排放上升（郝庆菊，2005），这是由于旱地和水田所种植被的固碳能力不同，水稻主要释放的是甲烷（李克让，2002）。由土地利用变化导致的碳排放量不容小觑，土地利用之间的转化对生态系统的碳循环非常重要。

土地利用结构优化是通过合理的数量安排和空间布局实现土地资源的可持续利用。土地利用规划模型可以分为多目标规划模型、线性规划模型、系统动力学模型、灰色线性规划模型等。不同学者对土地利用结构优化关注的重点与研究的切入点不尽相同，所以有很多划分模型类型的标准（钱敏等，2010）。有学者基于碳排放约束来分析城镇建设用地利用效率动态变化与影响因素（李国煜等，2020）。余德贵（2011）分析了土地利用结构变化和碳排放的关系，并在此基础上通过结合结构优化方法和马尔可夫模型（Markov Model）建立了低碳目标下的土地利用结构优化模型。汤洁（2009）基于实地采样所得的数据和遥感影像数据估算了吉林省通榆县的林地、草地等 11 种陆地生态系统碳储量，分析了土地利用变化对碳储量的影响，运用线性规划模型对该地区土地利用结构进行了调整。魏燕茹（2021）通过土地利用碳排放空间关联性，基于碳储量平衡态下的土地利用功能分区和结构优化进行了探索。苑韶峰等（2019）从土地利用碳排放核算制度角度提出了低碳土地利用调控模式。但基于有机碳储量平衡的土地利用结构优化研究的内容比较少，杨立（2011）通过计算河北省曲周县的碳源与碳汇量发现该区域处于碳失衡状态，并运用地理信息系统（Geographic Information System，GIS）的叠加分析功能对土地利用类型作了适宜性评价，最后在碳平衡下对土地利用结构进行了调整。碳中和目标下的土地利用结构优化研究概述如表 1–1 所示。

表 1–1　碳中和目标下的土地利用结构优化研究概述

关键领域	主要研究思路和方法	方法比较	主要文献
碳循环影响研究	土地利用变化与陆地生态系统碳循环关系		霍顿，1999 张海凤，2019
	生态系统植被碳密度和土壤碳密度对土地利用变化的响应		杨玉盛，2007 葛全胜，2008
	土地利用变化对生态系统碳汇功能的影响		博林，1977 陈广生等，2007 马晓哲等，2015
碳排放核算方法研究	核算方法：IPCC 清单法；样地清查法；统计估算法；遥感估算法；机理模型法（Logistic 模型、Bookkeeping 模型、KLEM 模型、CEVSA 模型）；涡度和箱法观测法。 核算范围：全球；洲际区域或国家；省域；城市或县域。	IPCC 清单法方法简单，可操作性强，仅适用于宏观面分析；样地清查法测定精度高，成本高，仅限于小范围的样方测定；统计估算法可靠性高，但空间格局分析较差，需要和遥感分析相结合；遥感估算法专业性强，可实现大范围长时间序列的碳排放核算，但局限于尺度因素，可以和统计资料互补；机理模型法可实现性强，但模型参数选取上有时空限制性，很难适用于所有研究区域；涡度和箱法观测法可测定（气体）物质的垂直通量（浓度和速度），可操作性强，多适用于小范围内地—气交换的动态变化和土壤呼吸的测定。	霍顿，1999 葛全胜等，2008 韦斯特，2010 揣小伟等，2011 赖力等，2011 赵荣钦等，2012 勒力等，2016 卢露，2021 肖宏伟，2022 秦凤，2023

续表

关键领域	主要研究思路和方法	方法比较	主要文献
碳排放效应分析	碳排放强度分析（库兹涅茨曲线模型）		周嘉等，2015 秦岩等，2021
	土地利用影响因素分解：投入产出法（SRIO模型、MRIO模型（Leontief，1970；SDA模型）；结构分解法（IDA模型、LMDI模型、Kaya恒等式）；计量经济分析法。	SRIO模型往往基于单一区域的投入产出表，对进出口产品并不作中间产品和最终产品的区分，且假定进口产品与该区产品具有相同的能耗和碳排放水平，无法真实反映这一区域隐含能源和隐含碳排放规模；MRIO模型则可以将生产技术模型化，反映多区域之间的产业关联和贸易联系，较好地克服了SRIO模型技术同一性假设引起的偏差；SDA模型的应用基于投入产出数据，但由于我国的投入产出数据每5年发布一次，该方法不适合深入研究；而IDA模型使用部门汇总数据，数据获取较易，且适用于时间序列模型；LMDI模型可用于分解多个零残差因子和部分不完全数据集，对数据要求较低，便于在时间序列内进行比较分析。 投入产出法的优点在于能够进行详细的部分分析，但数据存在滞后性（我国投入产出表每隔5年更新一次）；结构分解法简单灵活，所需数据量少，易于获取，更易进行时间序列比较分析；计量经济分析法可以较好地利用面板数据模型消除时间序列分析中的突变问题。	赖力等，2011 蒋金荷，2011 Zhang C，2012 张旺等，2014 韩骥等，2016 冯杰等，2019 张赫等，2020
	土地利用碳排放脱钩分析（Tapio模型）		赵爱文等，2013 张玉梅等，2014 冯博等，2015 朱磊等，2017

续表

关键领域	主要研究思路和方法	方法比较	主要文献
碳排放效率及碳减排潜力评价	减排潜力分析：土地利用变化改变碳汇和碳源的强度（LEAP 模型）；土地利用变化会改变碳汇和碳源的空间分布和形态（DEA 模型、SBM-DEA 模型、Malmquist 指数模型）。	LEAP 模型可以核算能耗及排放强度；b）有期望产出与非期望产出的 DEA-Malmquist 效率指数。	游和远等，2010 张思齐等，2017 阿若武罗，2018 杨国清等，2019 苑韶峰，2019 刘晔等，2019 李国煜等，2020 魏燕茹，2021 傅晓华等，2023
碳排放效率及碳减排潜力评价	情景模拟：碳排放预测模型，如 IPAT 模型、STRIPAT 模型、扩展的 STRIPAT 模型；生态过程模型，如 IBIS 模型；未来土地利用预测模型。	IPAT 模型反映的是碳排放与影响因素之间的单调线性关系，而且与环境库兹涅茨曲线（EKC）的研究结论相悖，因而有学者将其改为随机形式，即 STIRPAT 模型，两个模型均采用指数的方法，结合影响碳排放的因素，对未来的碳排放作出预测。	游和远等，2010 张思齐等，2017 阿若武罗，2018 杨国清等，2019 苑韶峰，2019 刘晔等，2019 李国煜等，2020 魏燕茹，2021 傅晓华等，2023
土地利用结构优化研究	分析思路：宏观层面，研究土地利用和社会经济、能源消费、地理环境等驱动因素之间的相互作用机制，以此对土地利用结构和空间布局进行优化；微观层面，针对不同农业用地类型、森林植被类型等进行科学合理的管理和经营，从而提高陆地生态系统的固碳能力和效率。		钱敏等，2010 赵荣钦等，2012 赵荣钦等，2014 赵荣钦等，2016 曹颖等，2020 黄贤金等，2021
土地利用结构优化研究	分析方法：灰色模型；多目标算法；CLUE-S 模型；FLUS 模型；地理模拟与优化系统（GeoSOS）。	灰色模型和 FLUS 模型在数量上模拟土地利用优化情景，无法体现在空间上；而 GeoSOS 可以在空间上模拟土地利用变化及优化情景。	钱敏等，2010 赵荣钦等，2012 赵荣钦等，2014 赵荣钦等，2016 曹颖等，2020 黄贤金等，2021

第四节 存在问题

一、区域土地利用变化监测的连续性和准确性问题

区域土地利用变化碳收支核算的精准度亟待加强。土地利用变化对碳收支影响的评估方法存在一些不确定性因素，如土地利用变化面积统计的精确性、变化空间格局分析的真实性、类型转换对碳循环影响评价的区域代表性等。现有的研究大量采用土地利用面积和碳排放系数核算碳排放，其方法掩盖了不同土地利用类型以及同一土地利用类型内部不同土地利用强度区域碳排放的差异，影响了土地利用碳排放核算的精度。土地利用变化信息的连续性和准确性关系到区域碳排放核算精确度和碳排放效应分析的有效性。不同土地利用方式可能导致碳排放差异比较明显，而土地利用的用地结构和模式决定了碳源 / 碳汇格局。

二、区域土地利用变化碳排放效应分析的有效性问题

区域土地利用变化的不同阶段对碳排放的影响机制研究尚显不足。受限于区域土地利用变化的连续性监测，大部分研究主要集中在土地利用现状的碳排放评价方面，而对于土地利用“过程”的碳排放影响机制研究较少。较多的研究成果从自然影响因素分析某一典型生态系统碳收支效应，而兼顾自然和人文影响因素对各类土地利用方式的总体碳排放效应研究却又仅限于探讨土地利用类型各自的面积与结构变化引起的碳排放效应，从土地利用结构转换矩阵来分析城市区域碳排放效应方面的研究还比较少。土地利用结构变化的碳排放效应分析的有效性关系到土地利用碳效率分析和碳减排潜力评价的准确性，未来需要加强区域碳排放总量及达峰的数据计算验证、碳排放总量及未来碳排放量持续下降的边界条件分析，并结合区域经济发展的前景和初设的经济发展增速，分析和评估区域未来土地利用结构变化碳排放持续下降的潜力。

三、碳中和目标下的土地利用结构优化研究的系统性问题

碳中和目标下的区域土地利用结构优化研究还远远不够。现有的低碳土地利用结构优化研究主要侧重于土地利用数量结构优化，而非区域土地利用空间布局方案的优化，对于地块尺度或产业用地角度的人类能源消费碳排放的核算尚有不足，极大地限制了土地利用优化方案在空间上的指导和实践作用。碳中和研究是一个综合经济、社会、生态和可持续发展的系统性研究课题，需要从土地利用变化的角度，通过土地利用结构调整和供地方式的碳评估来引导形成区域低碳型的土地利用模式和布局。全面地实现区域碳中和目标还需要综合考虑人口、城市空间布局、大气环境治理等多方面的发展态势，进而提出有针对性的发展规划。

第五节　进一步开展研究的方向

一、高频次土地利用及变化信息监测

高频次土地利用变化监测有利于更全面地理解和认识土地利用的时空格局和变化规律。Google Earth Engine（GEE）数据云端处理平台提供了海量卫星图像和云计算服务，使遥感卫星数据的获取和处理变得方便快捷（王小娜等，2022）。利用 GEE 提供的长时间序列存档的遥感影像数据（见表 1–2），获取研究区域近几十年来连续的土地利用及其变化信息；运用土地利用动态度、转移矩阵等方法分析区域各时段土地利用特征、数量变化和结构变化，可以详细掌握区域不同发展阶段的土地利用及变化信息，然后在能源消耗数据基础上利用经验参数和相关模型估算碳排放量，为利用数据模型来探讨不同分解排放因素下的碳排放驱动效应打下坚实基础。

表 1-2 GEE 主要共享的数据集（部分）

类型	数据	分辨率	时间序列	类型	数据	分辨率	时间序列
Landsat影像	Landsat 8 OLI TIRS	30 m	2013—2025年	ASTER影像	Global emissivity	100 m	2000—2025年
	Landsat 7 ETM+	30 m	2000—2025年		L1 T radiance	15/30/90 m	2000—2025年
	Landsat 5 TM	30 m	1984—2012年	土地覆盖数据	GlobCover	300 m	2009年
	Landsat 1-4	30 m	1982—1993年		USGS NLCD	30 m	1992—2016年
Sentinel影像	Sentinel IA/B		2014—2025年		UMD GFC	30 m	2000—2019年
					JRC GSW	30 m	1984—2019年
	Sentinel 2 A MSI	10/20 m	2015—2025年		GLCF tree cover	30 m	1992—2016年
MODIS影像	MOD 09	500 m	2000—2025年		USDA NASScropland	30 m	1992—2019年
	MOD 11	1000 m	2000—2025年	人口数据	WorldPOP	100 m	多次
	MOD 12 LC	500 m	2000—2025年				
	MOD 13 VI	250/500 m	2000—2025年		GPW	30弧秒	2000—2020年
	MOD 15 LAI/FPAR	500 m	2000—2025年	地形数据	SRTM	30 m	2000—2025年
	MOD 17 GPP	500 m	2000—2025年		USGS NED	30 m	2000—2025年
	MCD 44 VCC	250 m	2000—2025年				

二、加强土地利用结构碳排放核算及效应分析

根据区域土地利用变化特征分析，从碳排放核算来说，建设用地、耕地和水域为碳源，林地、草地和未利用地为碳汇。建设用地的碳排放通过其作为能源耗费空间载体的碳排放系数来间接估算，主要是指承载的各种人为碳排放源，包括生态、生产、生活所需能源消耗产生的碳排放等（张旺等，2014）。能源耗费碳排放的计算方法采用 IPCC 清单法估算能源消耗量（蒋金荷等，2011；IPCC，2006）。随着技术水平的快速发展，与碳排放相关的参数也在不断变化，现有核算方法得出的结果已不能准确真实反映我国碳排放现状。欧美国家的土地利用碳排放核算主要参考《2006 年 IPCC 国家温室气体清单指南》，同时还结合了 2019 年修订版的最新方法。2019 年修订版更新完善了部分能源、工业行业以及农业、林业和土地利用等领域的活动水平数据和排放因子获取方法，还加强了基于企业层级数据来支撑国家清单编制，以及基于遥感和地面基站测量相结合的温室气体排放量反演，以提高国家清单编制的可验证性和精度（卢露，2021）。

除了能源耗费碳排放调查资料，还应加强与碳通量监测数据的综合集成研究，进一步提高核算精度（赵荣钦，2016）。未来可从土地利用的微小尺度入手，从土地利用结构的比例、变化幅度和动态度三个方面进行土地利用变化分析和碳收支核算，这不仅能从地块单元的角度提高研究精度，而且有助于加强对不同属性用地单元碳收支特征的对比研究。

三、土地利用的碳效率分析及碳减排潜力评价

土地利用碳排放会受到相邻单元的人口规模、经济规模、社会产业结构、区域贸易结构等因素的影响。从空间计量的视角分析碳排放的空间相关性、异质性及其驱动因素的变异规律是研究土地利用碳效率，即碳减排潜力评价的主要方向。通过土地利用净碳排放量与地区生产总值的比值，分析区域碳排放强度，构建土地利用类型和能源消费活动的碳足迹模型，对区域不同土地利用方式的碳排放强度及碳足迹进行测算分析。从时间变化趋势和空间变化特征上分析土地利用及其变化产生碳排放量、碳储量和净碳排放量的发展特征，基于 LMDI 模型分析碳源、碳汇的主要影响因子及其贡献率，厘清各影响因子的发生机理及发展趋势，定量化分析不同土地利用方式带来的影响，对土地利用过程中可能存在的实施减碳潜力进行分析，提出降低产业碳足迹和优化产业空间布局的建议。

未来需要加强土地利用变化过程的碳排放核算及其效率变化的机制研究，对土地利用全过程（开发、占用、建设、维护等）的碳排放进行跟踪研究，分析不同土地利用单元的属性、质量、结构、集约度、转化与碳收支的内在关系，将区域不同土地利用单元的碳排放效率与碳减排目标相结合，构建土地利用空间布局结构碳效应评价的方法，并提出区域碳排放约束下的土地利用空间布局方案，为土地利用周期内的碳减排提供切实可行的实践指导（赵荣钦，2016）。

四、面向碳中和的低碳土地利用管控与开发利用研究

土地利用结构优化是指通过人为方式来改变土地利用管理方式和类型，调整各土地利用类型的数量和空间分布比例，从而使其能达到一种最

优的组合方式，维持碳收支平衡或有效提高有机碳储量。土地利用变化通过改变土地利用类型、方式、强度、结构等，直接改变或间接影响陆地生态系统与大气之间的碳排放和吸收过程。由此，通过低碳方式的土地利用结构优化和土地利用管理，可以加强自然资源管理以及生态修复，进一步增强碳汇功能（黄贤金等，2021）。建设用地增加、工农业用地布局、城市扩展等人类活动都与土地利用密切相关，与其相关联的碳排放和碳吸收最终都要落实在不同的土地利用方式上。因此，探索面向低碳的土地利用结构、规模和方式，可在很大程度上降低人为碳排放速率。

碳中和目标下的土地利用结构优化研究，需要根据每种土地利用类型计算出相应的碳排放和碳吸收量，考虑区域土地利用总体规划、社会经济发展状况、生态环境和景观等因素，综合制订土地利用结构调整方案，以期达到碳平衡目标（见图 1–2）。针对区域土地利用存在的问题制定有效解决措施和政策，以促进土地利用优化配置、调整和改善土地利用结构，建立碳汇功能区、收支平衡区、总量排放控制区、单位产出排放控制区等，提出实现碳中和目标的土地利用结构优化建议。

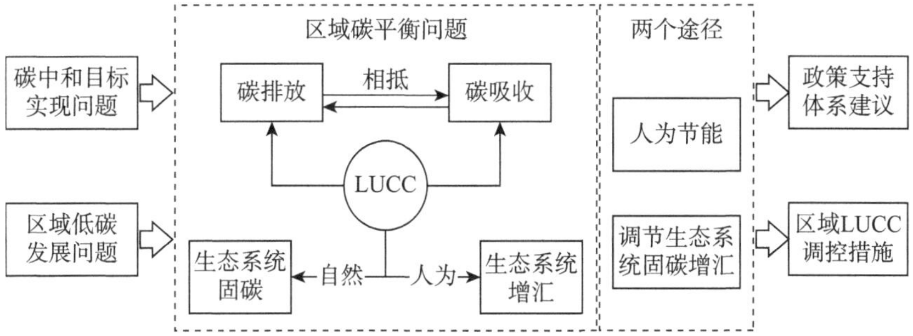

图 1–2 面向碳中和的低碳土地利用管控与开发利用示意图

从理论上看，我国对碳排放问题的研究起步较晚，形成的理论成果还不多，而发达国家已形成很多理论成果，通过加强与其他国家在理论研究层面的交流，对我国的理论研究有重要意义（赵荣钦，2016）。但不能完全照搬发达国家的减排经验，要结合我国基本国情，有选择地借鉴、消化和吸收。

从实践上看，我国要在 2060 年前实现碳中和目标，需要面对两大难题：一是产业结构逐步完善，通过控制工业产量来节省碳排放量的空间，使其不断减小；二是城市人口持续增加，人民生活水平不断提升，能源消费的刚性需求不断增长。因此，从土地利用结构变化的视角来研究区域碳收支平衡，进而探索碳中和目标下的土地利用结构优化，是当前的重点研究方向。

展望未来，碳中和目标下区域土地利用结构优化研究应以土地利用及其变化的碳收支监测与调查为基础，以低碳土地利用政策为导向，建立碳收支“调查—监测—核算—评价—过程模拟—低碳优化—碳减排效益评价—低碳政策”的整体框架和方法体系，对于充分发挥土地管理在中国低碳转型中的作用具有重要意义。

第六节　研究目标、内容、方法和思路

一、研究目标

本书的总体目标是从土地利用变化的视角开展碳中和目标下的北京市土地利用结构优化研究。根据北京市土地利用变化情况及时空分布特征，对其产生的碳源、碳汇进行定性和定量分析，核算不同土地利用类型的碳排放量和碳吸收量，分析其影响因素及碳排放效应，在此基础上，重点探讨碳中和目标下的土地利用结构优化，建立土地利用结构优化模型，提出基于碳储量最大目标和碳排放量最小目标的土地利用结构优化方案，为区域碳中和目标下的土地利用结构优化调控提供政策建议。

本书的具体目标主要体现在以下三个方面：一是评估土地利用变化对碳排放和碳中和的影响程度，推动城市向低碳经济与可持续发展转型；二是通过对北京市土地利用变化的碳排放效应和效率、碳减排潜力等的研究，评估减少碳排放的潜力，为北京市制订合理的土地利用规划和提高生态系统服务功能提供参考；三是通过对北京市土地利用结构优化提出对策建议，为北京市全面完成节能减排和实现 2060 年前碳中和目标提供地区性的经验借鉴。

二、研究内容

以定量分析为主，估算北京市土地利用变化产生的碳源和碳汇情况，综合分析研究北京土地利用及变化产生的碳排放时空格局变化及其影响因子，提出未来土地利用结构优化建议。具体研究内容包括以下四个方面。

（一）土地利用数量和结构变化分析

通过遥感监测获取北京市2001—2020年土地利用及其变化信息；利用土地利用动态度、土地利用转移矩阵来分析北京市各时段土地利用特征、数量变化和结构变化，详细掌握北京市不同发展阶段的土地利用总体情况，为不同土地利用类型的碳储量计算提供数据支撑。

（二）土地利用变化的碳排放核算及效应研究

采用直接和间接测算相结合的方法，开展土地利用变化碳排放核算研究，从时间变化趋势和空间变化特征上探讨北京市土地利用变化产生的碳排放、碳储量及净碳排放量的时空特征和发展趋势。基于LMDI模型分析碳源、碳汇的主要影响因子、贡献率及发展趋势，分析北京市碳排放影响因素和驱动机制，对不同土地利用方式的碳收支及碳排放效应进行研究。

（三）土地利用的碳效率分析及碳减排潜力评价

通过构建土地利用类型和能源消费活动的碳足迹模型，分析北京市各区县不同土地利用方式的碳排放强度及碳足迹，开展土地利用结构与减排绩效的关联度分析，建立不同区域产业空间与能源消费碳排放的对应关系，对各区域不同产业空间碳排放强度和碳足迹进行对比，定量化分析不同土地利用方式带来的影响，并提出降低产业碳足迹和优化产业空间布局的建议。

（四）土地利用结构优化的对策研究

采用线性规划法，以碳平衡的优化目标为约束条件，结合不同土地利用结构的碳效应评估结果，合理安排各土地利用类型的空间比例；针对北京市土地利用存在的问题提出有效的解决措施和政策，以促进土地利用优化配置、调整和改善土地利用结构，提出实现碳中和目标的土地利用结构优化建议。

三、研究方法

（一）土地利用及变化的遥感监测方法

利用 GEE 云计算平台提供的长时间序列 Landsat 遥感影像数据，开展基于时间序列变化监测的逐年土地利用遥感分类，获取北京市 2001—2020 年连续的土地利用及其变化信息，揭示其不同土地利用类型之间数量和结构的转化情况。

（二）土地利用变化碳排放核算方法

结合土地利用碳排放的作用机制，综合使用直接碳排放和间接碳排放两种核算方法。对于土地利用类型转换碳排放和土地利用类型保持碳排放采用直接碳排放核算方法；对于土地承载的人类活动（如经济建设、城市扩展和能源消耗等）所引起的碳排放则采用间接碳排放核算方法。

（三）土地利用变化的碳排放效应分析方法

基于北京市土地利用变化碳排放核算结果，利用 LMDI 模型分析北京市土地利用变化造成碳源、碳汇的主要影响因子、贡献率及发展趋势，分析北京市不同土地利用方式及变化的碳排放影响因素和驱动力机制。

（四）土地利用变化碳排放效率及减排评估方法

采用 DEA 模型，对北京市土地利用变化的碳排放效率及空间差异进行分析，着重基于净碳排放总量对北京市建设用地所占比重与碳排放强度进行回归分析，验证两者间库兹涅茨曲线关系；通过土地利用的经济效益和生态效益分析北京市不同土地利用方式下的碳减排潜力。

（五）土地利用结构优化方法

采用线性规划法，通过北京市碳中和目标在线性约束条件下的最大值和最小值，构建不确定条件下的土地利用结构优化配置模型，模拟和制订北京市土地利用结构优化的发展目标，分析土地利用优化配置、调整和改善土地利用结构的方案，提出解决措施和政策建议。

四、总体思路

研究的总体思路见图 1–3。

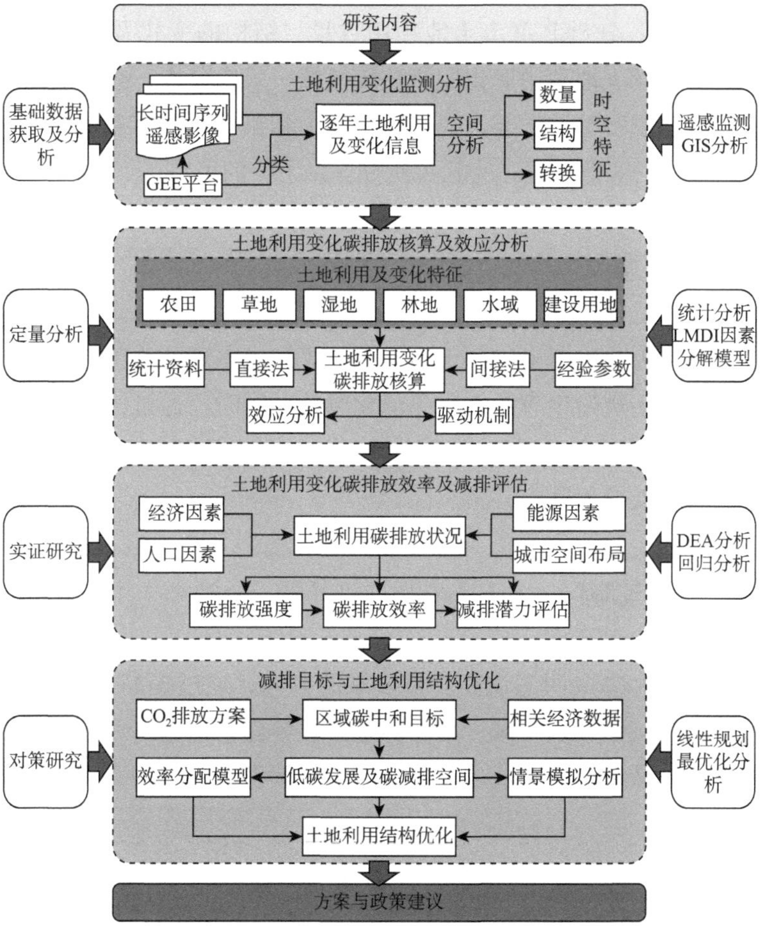

图 1–3 研究的总体思路

第七节　研究意义

一、理论意义

本书采用跨学科研究方式，综合利用各学科优势特点，从土地利用变化的视角，深入分析北京市土地利用数量、结构的变化及碳排放效应问题，形成了一套土地利用变化监测—碳核算—效应分析—减排潜力—结构优化的理论体系和整体框架，并以区域碳中和目标为约束条件，探索土地利用结构优化的实践问题，为相关研究提供了新的思路。

二、实践意义

研究成果为北京市未来的土地资源配置和生态环境改善提供了科学决策依据，有助于规避生态系统服务退化风险。同时，通过优化土地利用结构，可以有效提升土地资源利用效率，并在增汇减排方面发挥关键作用，从而助力实现碳中和目标。

三、社会影响

本书面向生态文明建设高质量发展的方向，通过提高土地利用效率、减少耕地和水域面积的缩减、增加林地面积等建议措施，对于缓解人地矛盾、提升生态系统服务价值、促进区域可持续发展目标的实现，具有积极的研究意义。

第八节 创新程度、突出特色和主要建树

一、创新程度

在整体框架和方法体系方面，从土地利用变化的视角开展北京市土地利用结构优化对实现区域碳中和目标的贡献问题的研究，对于区域土地利用低碳结构优化和可持续发展研究具有重要的参考和借鉴意义。

在研究手段方面，采用跨学科的研究方式，不仅提高了研究的精确度和实用性，也为区域碳中和目标下的土地利用结构优化研究提供了重要的参考和借鉴。

二、突出特色

研究采用多学科交叉方式，综合利用长时间序列遥感影像数据获取了2001—2020年北京市土地利用数据，为准确揭示北京市土地利用类型的数量和结构的变化信息提供翔实的第一手资料，从而可以从土地利用强度、土地利用程度、动态度、空间结构特征、结构变化指数等方面定量化地分析北京市土地利用及变化的空间结构分异，为土地利用碳排放核算打下坚实的基础。

以定量化研究为主，从土地利用变化引起的碳源/碳汇变化出发，采用遥感监测、统计计算、空间分析、模型模拟等，定量化研究以碳中和目标为约束条件的土地利用结构优化问题，为其他相关研究提供数据支持和新的思路。

三、主要建树

通过构建线性规划模型进行土地利用结构优化，以实现碳蓄积最大化和碳排放最小化的目标，提出的土地利用结构优化方案可使北京市的土地利用布局更为集约发展并兼顾生态保护功能，减少经济发展对土地资源可持续利用的影响，为北京市土地利用优化调控提供科学依据。

第二章

北京市土地利用数量和结构变化分析

第一节 研究区概况

北京市是中国的首都，位于华北平原北部，介于东经 115.7°~117.4° 和北纬 39.4°~41.6° ，土地总面积 16410 平方千米，气候为典型的北温带半湿润大陆性季风气候，四季分明，雨热同期。

2022 年北京市及各区基本情况如表 2-1 所示。户籍人口 1400.8 万，常住人口 2184.3 万，按常住人口统计，其中城镇人口 1912.8 万，常住外来人口 825.1 万，人口密度 1332 人 / 平方千米；GDP 为 41610.9 亿元。

从面积来看，面积最大的是密云区，为 2223 平方千米；面积最小的是东城区，42 平方千米。

从户籍人口来看，户籍人口最多的是海淀区，为 245.5 万人；户籍人口最少的是门头沟区，为 25.74 万人。

从常住人口来看，常住人口最多的是朝阳区，为 344.9 万人；常住人口最少的是延庆区，为 34.6 万人。

从 GDP 来看，GDP 最高的是海淀区，为 10206.9 亿元；GDP 最低的是延庆区，为 210.3 亿元。

表 2-1 2022 年北京市及各区基本情况

行政区划	辖 区	面 积（平方千米）	户籍人口（万人）	常住人口（万人）	GDP（亿元）
全市	分16个区（市 / 县）	16410	1400.8	2184.3	41610.9
东城区	辖17个街道	41.72	99.8	70.8	3437.1
西城区	辖15个街道	50.56	150.2	110.4	5700.1
朝阳区	辖43个街道或地区	469.50	216.2	344.9	7911.2
丰台区	辖24个街道，2个镇	303.16	118.1	201.2	2061.8
石景山区	辖9个街道	85.50	39.3	56.6	1000.2
海淀区	辖29个街道或地区	429.81	245.5	312.4	10206.9
门头沟区	辖4个街道，3个地区，6个镇	1447.00	25.74	39.6	272.1
房山区	辖8个街道，3个地区，11个镇，6个乡	2013.44	85.2	131.1	860.9

续表

行政区划	辖　区	面　积（平方千米）	户籍人口（万人）	常住人口（万人）	GDP（亿元）
通州区	辖10个街道，10个镇，1个乡	903.50	84.9	184.3	1253.4
顺义区	辖6个街道，7个地区，12个镇	1018.19	67.2	132.5	2073.2
昌平区	辖8个街道，4个地区，10个镇	1340.30	67.4	227.0	1340.8
大兴区	辖8个街道，5个地区，9个镇	1033.15	77.6	199.1	3456.4
怀柔区	辖2个街道，3个地区，9个镇，2个乡	2117.15	28.8	43.9	451.5
平谷区	辖2个街道，4个地区，10个镇，2个乡	945.63	40.8	45.7	408.6
密云区	辖2个街道，1个地区，17个镇	2222.86	44.1	52.7	361.9
延庆区	辖3个街道，11个镇，4个乡	1988.51	28.9761	34.6	210.3

第二节　北京市2001—2020年土地利用遥感制图

一、北京市土地利用类型

土地利用是重要的地表参数，它决定了地表和大气之间的能量和碳交换。土地利用也被公认为是关键的气候变量，是生态环境研究的重要内容和生态系统服务模型的关键输入参数。因此，土地利用特征描述和制图对于规划和管理自然资源、建立环境变量模型和了解生境分布具有重要意义。土地利用类型是指根据土地的自然属性和社会经济需求，对土地进行分类和划分的方式。土地利用类型是土地管理与规划的重要基础，其分类方式因研究目的和区域特点而异。

北京市地形以山地和平原为主，山地海拔为1000~1500米，平原海拔为20~60米。气候类型属于半湿润大陆性季风气候，雨季为6~8月，占全年降雨量的80%。植被类型以暖温带落叶阔叶林和温带针叶林为主。平原地区的大部分土地已被用作农业和城市用地。北京市的主要土地利用/覆盖类型包括耕地、林地、草地、灌木、湿地、水体、建设用地和裸地（见表2-2）（陈军等，2015，2017）。此外，主要的土地利用变化包括城市扩张和农田流失。

表 2-2　北京市土地利用类型描述

土地利用类型	描　述
耕地	用于种植农作物的土地，包括稻田、灌溉地、温室用地、果树和其他经济树种的土地、种植灌木类经济作物的土地等。
林地	冠层覆盖度在30% 以上的林地(包括落叶阔叶林、常绿阔叶林、落叶针叶林、常绿针叶林、混交林等)和冠层覆盖度在10%~30% 的疏林地。
草地	天然草本植被覆盖度超过10% 的土地。
灌木	灌木覆盖度超过30% 的土地，包括山地灌丛、落叶和常绿灌丛等。
湿地	位于水陆交界地带的土地，积水较浅或土壤过湿，多生长有沼泽或湿生植物。
水体	被水覆盖的土地，包括河流、湖泊、水库、池塘等。
建设用地	城镇、工矿、交通设施等人工建设活动形成的地表。
裸地	自然植被覆盖度低于10% 的土地，包括沙漠、沙地、砾石地、裸岩、盐碱地等。

二、Landsat 序列遥感影像

Landsat 影像是一种由美国地质调查局（United States Geological Survey，USGS）和美国国家航空航天局（National Aeronautics and Space Administration，NASA）联合开发的遥感卫星影像数据，是表 1-2 中所列的数据之一。卫星自 1972 年首次发射以来，已经持续运行了 50 多年。这些影像广泛应用于农业、林业、地质、区域规划、教育、灾害管理以及全球变化研究等领域。Landsat 影像的主要特点如下。

（一）时间连续性

Landsat 计划是运行时间最长的地球观测计划，自 1972 年首次发射 Landsat 1 以来，Landsat 系列卫星已经观测了超过 50 年的地球表面变化。例如，Landsat 7 自 1999 年发射以来，持续拍摄地球表面图像超过 20 年。这种长时间序列的数据记录使得科学家能够研究土地利用、气候变化、水资源管理等领域的长期变化。

（二）空间分辨率高

早期的 Landsat 卫星如 Landsat 1 和 Landsat2 使用多光谱扫描仪（Multi-spectral Scanner，MSS），其空间分辨率为 30 米。随后的传感器如主题映射仪（Thematic Mapper，TM）和增强型主题映射仪（Enhanced

Thematic Mapper+，ETM+）的空间分辨率分别为 30 米和 15 米，并增加了光谱带的数量和范围。最新的 Landsat 8 搭载了陆地成像仪（Operational Land Imager，OLI）和热红外传感器（Thermal Infrared Sensor，TIRS），进一步提升了空间分辨率和光谱特性。随着技术的发展，新一代 Landsat 卫星将不断改进传感器性能。

（三）光谱覆盖范围广

Landsat 影像覆盖了可见光、近红外、短波红外和热红外等多个光谱带，能够反映地表的多种物理特性，可用于不同的科学分析需求。例如，Landsat 8 包含 10 个波段，而 Landsat 7 则包含 12 个波段。

（四）数据获取便捷

Landsat 影像覆盖了全球大部分地区，包括海洋、陆地和沿海浅滩等。自 2008 年起，美国地质调查局实施了免费开放政策，用户可以通过互联网轻松获取 Landsat 影像数据。

（五）应用领域广泛

Landsat 影像因其长期连续性、高分辨率和广泛的应用价值，成为全球遥感领域的重要工具，为科学研究、环境保护和资源管理提供了不可或缺的支持，可广泛应用于农业、林业、地质学、城市规划、环境监测、灾害管理等领域。例如，它可以用于植被指数计算、土地利用分类、植被绿度变化分析以及碳汇封存研究等。

总之，Landsat 影像作为一种长期、稳定且高分辨率的遥感数据源，在科学研究、环境保护和灾害管理等领域具有不可替代的作用。其丰富的波段和长时间序列的数据为地球科学研究提供了坚实的基础，并且随着技术的进步和数据获取方式的改进，其应用范围和精度也在不断提升。

三、时序土地利用遥感分类

土地利用遥感监测是利用遥感技术对土地利用现状及其变化进行动态监测的一种方法，其核心在于通过卫星、无人机等平台获取高分辨率影像数据，并结合 GIS 进行分析和可视化处理。这一技术在土地资源管理、规划、执法监察以及环境保护等领域具有重要作用。遥感技术被广泛应用于年度土地变更调查中，通过对比不同时期的遥感影像，提取土地利用变化信息，并结合实地调查核实数据准确性。

尽管遥感技术在土地利用监测中发挥了重要作用，但仍面临一些挑战。例如，如何提高遥感影像的分类精度、如何处理不同分辨率数据的融合问题等。土地利用遥感监测作为一种高效、低成本的技术手段，为土地资源管理提供了强有力的支持，结合遥感与 GIS 技术，可以实现对土地利用变化的实时监控和科学决策。

围绕中分辨率土地利用时序分类方法与应用研究，结合新兴的 GEE 云计算平台开展基于时间序列变化监测的逐年土地利用分类研究，研制时空连续一致的北京地区 2001—2020 年土地利用动态产品。北京市在 2001—2020 年经历了快速的城市发展，高时间频次的全要素土地利用制图及变化监测有利于更全面地理解和认知土地利用在高时间动态下的时空格局和变化规律。

提高时间序列土地利用产品的制图精度和变化精度的关键在于确保未变化类型的时间一致性和变化类型的转移逻辑性。时间上独立的多期土地利用遥感产品可能不支持提取变化信息，因为真实的变化难以从其固有的分类误差中辨别出来。然而，如果分类结果能够在时间上保持一致，仅在真正变化的地方发生改变，则初始分类结果是可靠的，因为分类误差不会直接导致变化误差。因此，通过面向对象的分类方法结合多尺度分割和纹理特征等技术，可以有效提高土地利用变化检测的精度。此外，利用多源数据和多元变化检测方法也能提高变化检测的可靠性。

GEE 云计算平台已经成为地理空间分析的有力工具（戈雷利克等，2017）。该平台通过整合来自美国国家航空航天局、欧洲航天局、美国地质勘探局等权威机构的多源卫星影像和地理空间数据，提供了一个更强大的平台，使科学家、研究人员、开发者和政策制定者能够理解和管理全球环境变化。GEE 的优势在于其能够存储和处理 PB 级别[①] 的数据，支持全球尺度的分析功能，提供了几乎所有免费获取的卫星数据集存档、遥感图像处理算法和高性能云计算服务，使得需要海量数据存储和密集计算资源

① PB（Petabyte）是数据存储的基本单位，1PB 等于 1024TB。

的数据处理过程变得容易。

GEE 在土地利用 / 覆盖遥感制图领域得到了广泛应用（阿扎里和罗贝尔，2017；黄华兵，2017；塔斯和维扎里，2020；艾尔巴尼安，2020；付甜梦等，2021；胡云锋等，2018；刘凯等，2019；于莉莉等，2020），尤其是在大范围或全球尺度研究中具有显著优势。例如，它被用于农业遥感制图、植被范围制图和动态监测、建筑物提取、水文信息提取和土地覆盖分类制图等多个方面。此外，GEE 还支持使用机器学习算法进行遥感图像分类，提高了分类精度，并且可以直接在 GEE 平台上获得分类结果，而无须下载所有的 Landsat 影像数据，并在本地计算环境中进行处理，使得需要海量数据进行计算处理的过程变得容易。

GEE 的另一个重要特点是其用户界面友好和前端易于访问，这为数据和算法开发提供了便利环境。用户可以通过 JavaScript① 或 Python② 直接调用 GEE 存储的数据和算法，从而实现快速、交互式的算法开发。这种灵活性和高效性使得 GEE 不仅服务于专业遥感或地理空间信息应用开发，还能广泛服务于缺乏计算资源的消费级人群，极大地推动了遥感数据处理与分析的技术革新，并在多个领域展现出巨大的应用潜力。

利用遥感分类研究时序的土地利用及变化，有利于更全面地理解和认知土地利用在高时间动态下的时空格局和变化规律。以北京市为研究案例，在年时间尺度下探究北京市 2001—2020 年的土地利用时空动态变化，可以更全面地认识和理解北京市在快速城市化过程中的时空变化格局（谢帅等，2019，2020）。

四、2001—2020 年北京市土地利用分类结果

城市土地利用的变化是城市发展过程中的重要指标之一，对城市规划和土地管理具有重要意义。随着全球城市化进程的加快，城市土地利用不断发生变化，给城市的经济、社会和环境带来了挑战和机遇。例如，北京市建设用地的急剧扩张导致耕地大量减少，这反映了经济因素和政策因素

① JavaScript 是一种轻量级、解释型或者说即时编译型的编程语言。

② Python 是一种编程语言。

是导致土地利用变化的重要因素。遥感技术在土地利用动态监测中的应用非常广泛。借助高频次的卫星影像，可以实时追踪土地利用的变化，及时发现土地扩展、退化或其他环境变化。通过对比不同时期的卫星影像，可以发现城市化进程中的农田转为建筑用地、森林砍伐或恢复，以及湿地减少等环境变化。此外，遥感数据还能与地面调查数据相结合，提供更加详细的土地利用现状分析。

研究使用了 2001—2020 年覆盖北京市的 Landsat 影像（包括 Landsat5 TM、Landsat7 ETM+ 和 Landsat8 OLI）。本书共使用了 5183 景 Landsat 数据，表 2-3 汇总了每个图幅号和每种 Landsat 卫星的图像数量。所有数据提取均在 GEE 中进行，因为 GEE 具有对整个 Landsat 数据集（包括 TM、ETM+ 和 OLI）进行排序、筛选、云 / 云阴影掩膜和分析的能力，并且能够高效地实现随机矢量点数据的生成、过滤和像元值的提取。

表 2-3　使用的 Landsat 图像数量汇总

单位：景

景号 / 数量	Landsat5	Landsat7	Landsat8
P122r032	166	357	148
P122r033	134	327	47
P123r031	181	352	159
P123r032	170	347	153
P123r033	157	313	144
P124r031	153	346	164
P124r032	171	355	163
P124r033	158	362	156

利用 Landsat 卫星数据对地表进行分类，其目的是识别和区分不同类型的土地利用类型，如林地、耕地、建设用地、水体等，由序列遥感影像分类得到了北京市 2001—2020 年的土地利用图（见图 2-1）。该图展示了 2001—2020 年北京市逐年土地利用分类结果（谢帅等，2019，2020；谢帅，2021）。从视觉角度定性分析，在过去的 20 年中，北京市土地利用发生了较显著的变化（见图 2-2），建设用地类型大幅增加，在五环之内城市扩张尤为明显，而耕地类型大幅减少，被建设用地所取代。图中每个像元的值为该像元最近一次变化发生的年份。由此可见，北京市 2001—2020

年土地利用变化总的趋势是以占用耕地为代价的城市扩张，导致大量耕地被建设用地占用，主要集中在五环和六环之间。

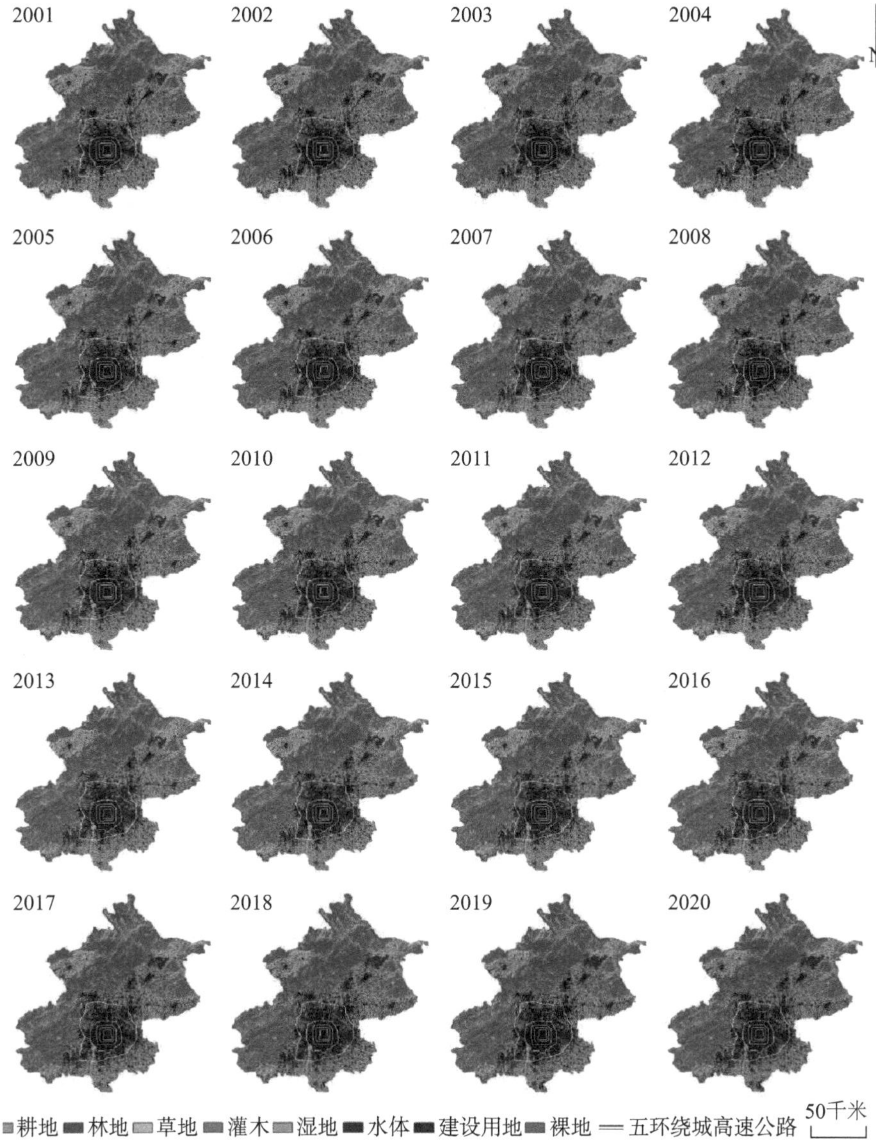

图 2-1　2001—2020 年北京市土地利用分类[①]**（谢帅，2021）**

① 图 2-1 根据 2001—2020 年 Landsat 遥感影像分类后得到的土地利用数据绘制而成，北京市地理地图取自自然资源部地图技术审查中心网站，网址 http：//bzdt.ch.mnr.gov.cn/。

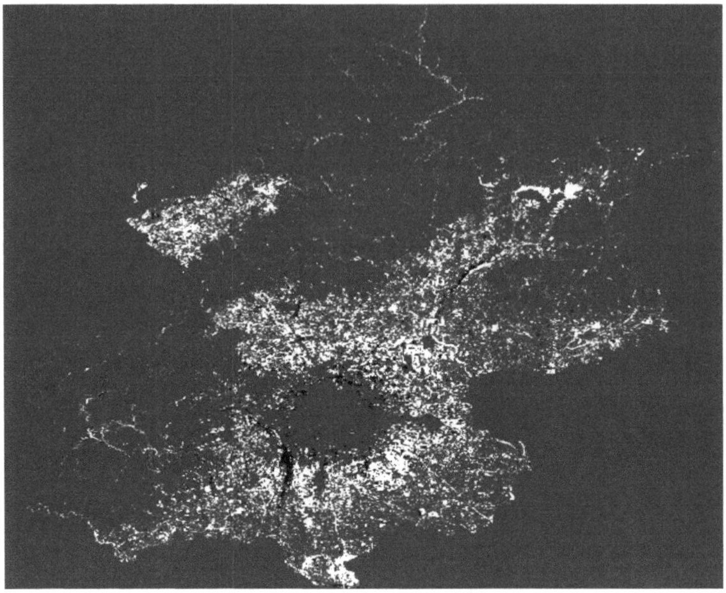

图 2-2　2001—2020 年北京市土地利用变化图（浅色反映变化）
（用 landsat 遥感影像分类得到的土地利用数据）

五、土地利用现状及结构

2020 年北京市土地总面积 16410 平方千米，其中耕地 3396.87 平方千米、林地 4924.64 平方千米、草地 1911.77 平方千米、灌木林 2989.9 平方千米、湿地 11.49 平方千米、水域 259.28 平方千米、建设用地 2899.65 平方千米、未利用地 16.41 万平方千米，所占土地总面积的比例分别为 20.7%（耕地）、30.01%（林地）、11.65%（草地）、18.22%（灌木林）、0.07%（湿地）、1.58%（水域）、17.67%（建设用地）、0.1%（未利用地）（见图 2-3）。

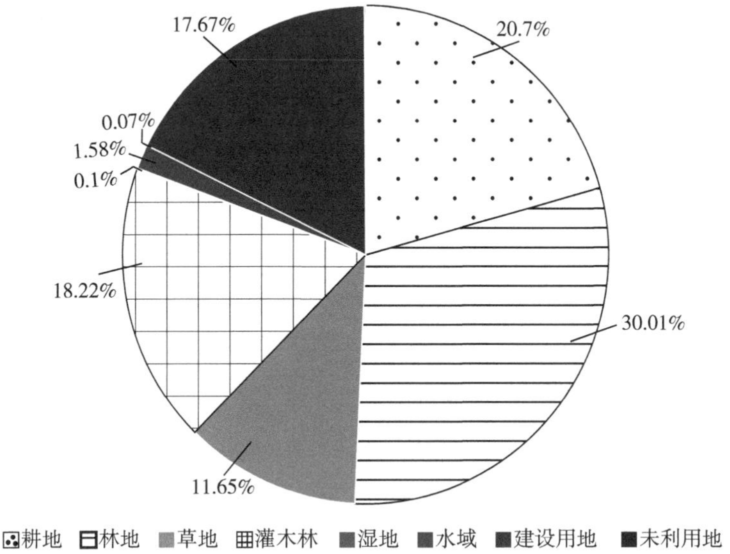

图 2-3　2020 年北京市土地利用现状

六、总体变化分析

北京市 2006—2020 年实施了多项土地利用总体规划，以应对城市化带来的土地利用变化。例如，北京市人民政府于 2009 年出台的《北京市土地利用总体规划（2006—2020 年）》和国务院批准于 2004 年出台的《北京城市总体规划（2004—2020 年）》等规划文件对土地利用进行了系统性调控。北京市 2001—2020 年的土地利用变化主要表现为耕地面积的减少，以及草地和林地面积的增加。这一变化反映了城市化进程对农业用地的巨大影响，并且在一定程度上通过增加绿色空间来缓解城市化带来的环境压力。由图 2-4 可知，北京市 2001—2020 年的土地利用变化呈现出显著的城镇化发展特征。

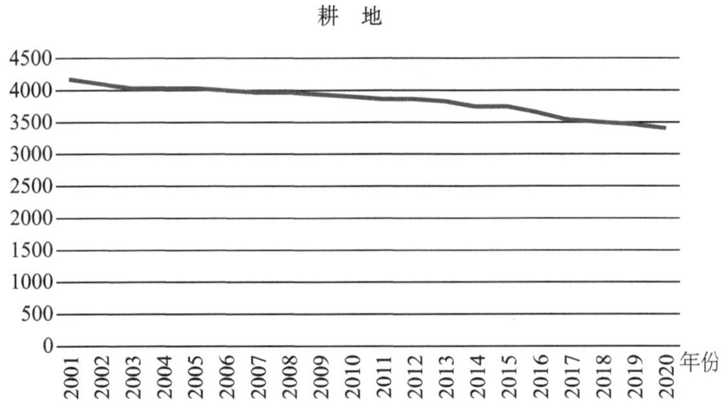
耕　地
4500
4000
3500
3000
2500
2000
1500
1000
500
0
2001
2002
2003
2004
2005
2006
2007
2008
2009
2010
2011
2012
2013
2014
2015
2016
2017
2018
2019
2020
年份

（1）

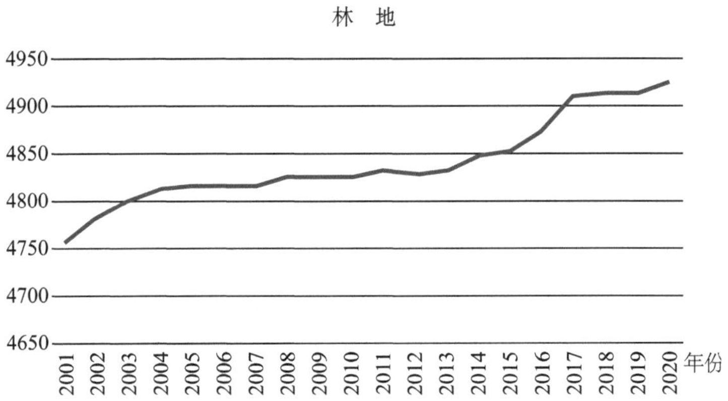
林　地
4950
4900
4850
4800
4750
4700
4650
2001
2002
2003
2004
2005
2006
2007
2008
2009
2010
2011
2012
2013
2014
2015
2016
2017
2018
2019
2020
年份

（2）

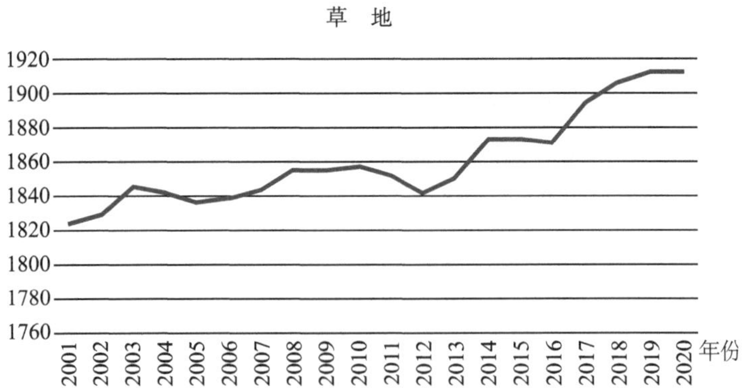
草　地
1920
1900
1880
1860
1840
1820
1800
1780
1760
2001
2002
2003
2004
2005
2006
2007
2008
2009
2010
2011
2012
2013
2014
2015
2016
2017
2018
2019
2020
年份

（3）

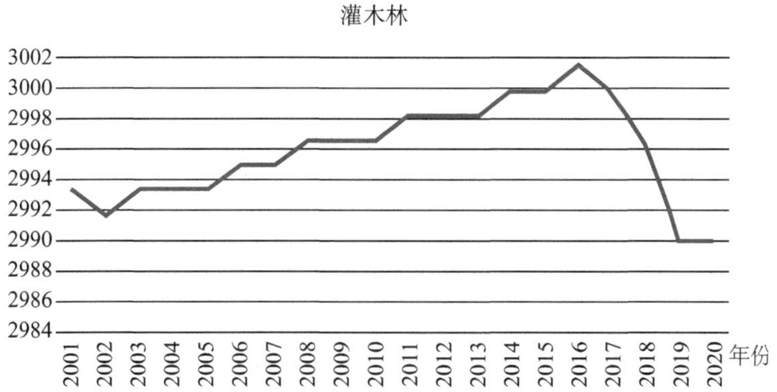
灌木林
3002
3000
2998
2996
2994
2992
2990
2988
2986
2984
2001
2002
2003
2004
2005
2006
2007
2008
2009
2010
2011
2012
2013
2014
2015
2016
2017
2018
2019
2020
年份

（4）

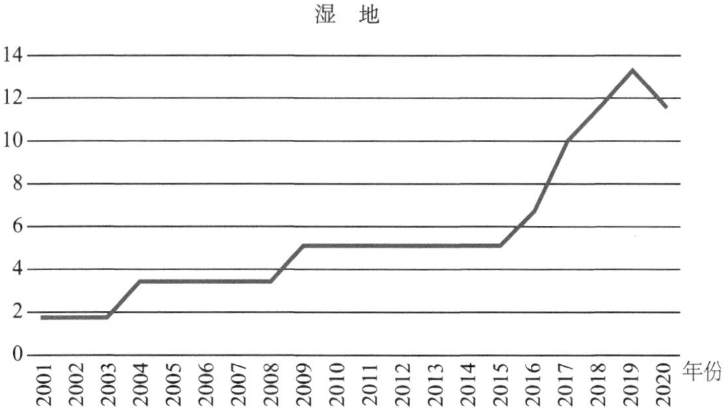
湿 地
14
12
10
8
6
4
2
0
2001
2002
2003
2004
2005
2006
2007
2008
2009
2010
2011
2012
2013
2014
2015
2016
2017
2018
2019
2020
年份

（5）

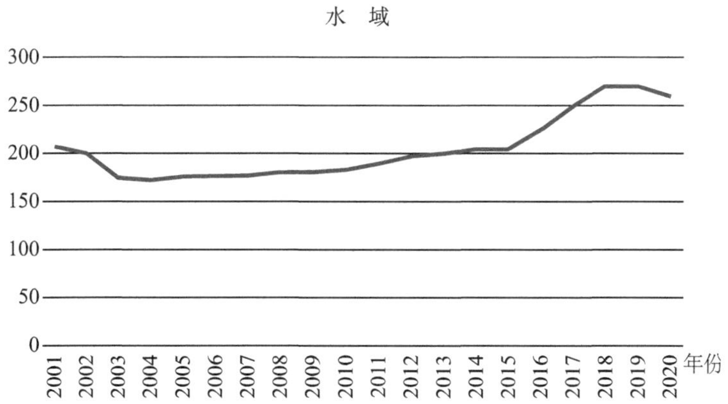
水 域
300
250
200
150
100
50
0
2001
2002
2003
2004
2005
2006
2007
2008
2009
2010
2011
2012
2013
2014
2015
2016
2017
2018
2019
2020
年份

（6）

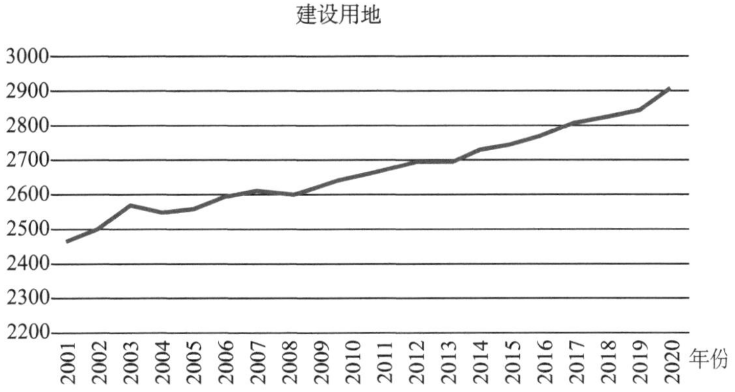

（7）

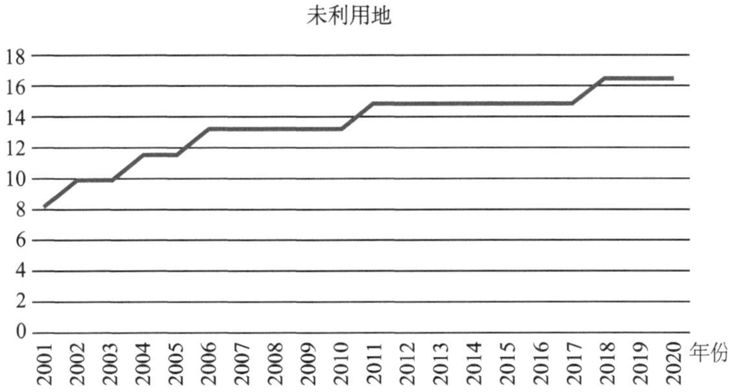

（8）

图 2-4　2001—2020 年北京市各土地利用类型数量变化情况（组图）

（一）耕地显著减少

由表 2-4 可知，2001—2020 年北京市的耕地减少了 18.28%。这表明，在这 20 年间随着城市化进程的加快，北京市中心城区的耕地面积显著减少，大量耕地转化为建设用地，尤其是城市中心城区北部边缘。

（二）林地、草地、灌木林有所增加

北京市 2001—2020 年的林地和草地面积有所增加，灌木林面积基本保持不变。北京市中心城区的林地面积出现明显的增加趋势，其主要来源为耕地和建设用地。

（三）城市扩展迅速

北京市 2001—2020 年城市扩展速度加快，建成区面积持续增长，建设用地增加了 17.72%。北京市的土地利用强度及辐射反馈评估显示，城市扩展区的土地利用强度较高。

（四）绿色空间增加显著

北京市 2001—2020 年中心城区的绿色空间（包括林地、草地和湿地等）发生了显著变化。例如，绿地面积从 4.35 平方千米增加到 80.36 平方千米，平均每年增长 7.8%。主要是湿地面积增加显著，增长了 600%，显示北京市城区生态环境改善明显，更加宜居。

北京市 2001—2020 年土地利用发生了较大变化，且大部分变化发生在 2017—2019 年，占了总变化区域的 28.06%，其中发生变化最多的年份是 2019 年（11.10%），其次是 2017 年（8.56%），最后是 2018 年（8.40%）。2017—2019 年是北京市土地利用变化较为集中的一段时期，主要是因为一些大型工程项目集中在这一时期建设，使得土地利用方式发生了很大的变化。例如，自 2015 年以来，南水北调中线工程开始引水进京，调入位于北京东北部的密云水库，使密云水库蓄水量攀升，水库面积扩大显著（吴晓辉等，2015；吴敬东等，2018）；还有大兴国际机场自 2014 年 12 月开工建设，至 2019 年 9 月投入运营以来，北京南部的土地利用方式发生了很明显的变化（张宏钧等，2020）。

表 2-4　2001—2020 年北京市土地利用分类结果统计表

年份	耕地		林地		草地		灌木林		湿地		水域		建设用地		未利用地		总计	
	面积（平方千米）	占比（%）	面积（平方千米）	占比（%）	面积（平方千米）	占比（%）	面积（平方千米）	占比（%）	面积（平方千米）	占比（%）	面积（平方千米）	占比（%）	面积（平方千米）	占比（%）	面积（平方千米）	占比（%）	面积（平方千米）	占比（%）
2001	4156.65	25.33	4755.62	28.98	1823.15	11.11	2993.18	18.24	1.64	0.01	206.77	1.26	2463.14	15.01	8.21	0.05	16410	100
2002	4099.22	24.98	4780.23	29.13	1828.07	11.14	2991.54	18.23	1.64	0.01	198.56	1.21	2500.88	15.24	9.85	0.06	16410	100
2003	4020.45	24.50	4799.93	29.25	1844.48	11.24	2993.18	18.24	1.64	0.01	173.95	1.06	2566.52	15.64	9.85	0.06	16410	100
2004	4033.58	24.58	4811.41	29.32	1841.20	11.22	2993.18	18.24	3.28	0.02	170.66	1.04	2545.19	15.51	11.49	0.07	16410	100
2005	4020.45	24.50	4814.69	29.34	1836.28	11.19	2993.18	18.24	3.28	0.02	173.95	1.06	2556.68	15.58	11.49	0.07	16410	100
2006	3979.43	24.25	4816.34	29.35	1837.92	11.20	2994.83	18.25	3.28	0.02	175.59	1.07	2591.14	15.79	13.13	0.08	16410	100
2007	3954.81	24.10	4817.98	29.36	1842.84	11.23	2994.83	18.25	3.28	0.02	175.59	1.07	2607.55	15.89	13.13	0.08	16410	100
2008	3941.68	24.02	4824.54	29.40	1854.33	11.30	2996.47	18.26	3.28	0.02	178.87	1.09	2599.34	15.84	13.13	0.08	16410	100
2009	3908.86	23.82	4826.18	29.41	1854.33	11.30	2996.47	18.26	4.92	0.03	180.51	1.10	2623.96	15.99	13.13	0.08	16410	100
2010	3880.97	23.65	4826.18	29.41	1855.97	11.31	2996.47	18.26	4.92	0.03	182.15	1.11	2650.22	16.15	13.13	0.08	16410	100
2011	3851.43	23.47	4831.10	29.44	1851.05	11.28	2998.11	18.27	4.92	0.03	188.72	1.15	2671.55	16.28	14.77	0.09	16410	100
2012	3838.30	23.39	4827.82	29.42	1841.20	11.22	2998.11	18.27	4.92	0.03	195.28	1.19	2687.96	16.38	14.77	0.09	16410	100
2013	3821.89	23.29	4832.75	29.45	1849.41	11.27	2998.11	18.27	4.92	0.03	198.56	1.21	2686.32	16.37	14.77	0.09	16410	100
2014	3743.12	22.81	4845.87	29.53	1872.38	11.41	2999.75	18.28	4.92	0.03	203.48	1.24	2725.70	16.61	14.77	0.09	16410	100
2015	3716.87	22.65	4852.44	29.57	1872.38	11.41	2999.75	18.28	4.92	0.03	205.13	1.25	2742.11	16.71	14.77	0.09	16410	100
2016	3646.30	22.22	4873.77	29.70	1870.74	11.40	3001.39	18.29	6.56	0.04	223.18	1.36	2771.65	16.89	14.77	0.09	16410	100
2017	3531.43	21.52	4908.23	29.91	1893.71	11.54	2999.75	18.28	9.85	0.06	247.79	1.51	2802.83	17.08	14.77	0.09	16410	100
2018	3478.92	21.20	4913.15	29.94	1905.20	11.61	2996.47	18.26	11.49	0.07	267.48	1.63	2820.88	17.19	16.41	0.10	16410	100
2019	3454.31	21.05	4914.80	29.95	1911.77	11.65	2989.90	18.22	13.13	0.08	267.48	1.63	2842.21	17.32	16.41	0.10	16410	100
2020	3396.87	20.70	4924.64	30.01	1911.77	11.65	2989.90	18.22	11.49	0.07	259.28	1.58	2899.65	17.67	16.41	0.10	16410	100

第三节 2001—2020 年北京市土地利用及变化分析

一、分析方法

（一）土地利用强度

土地利用强度是衡量人类活动对土地开发和干扰程度的重要指标，反映了土地利用程度及其对生态环境的影响，通常用来描述人类活动对土地的开发和干扰程度。土地利用强度可以根据不同研究视角分为多种类型。从经济视角看，土地利用强度被定义为每单位土地的生产投入量，强度增加意味着单位土地的生产投入增加，但可能效率降低；从环境视角看，土地利用强度与生物多样性之间的关系密切，高强度土地利用往往导致农田生物多样性减少；从社会经济视角看，土地利用强度可以通过建筑面积、人口数量、就业规模、经济产值等指标综合反映。

根据土地利用类型和面积，计算土地利用强度，计算公式为：

$$I = \sum (A_i \times \beta_i) / \sum A_i \qquad (2\text{-}1)$$

式（2-1）中，A_i 表示各类用地面积；B_i 表示各类用地土地利用强度系数，未利用地、林草水域用地、农业用地（耕地、园地）、建设用地的土地利用强度系数分别取值 1、2、3、4。

土地利用强度是一个多维度、多层次概念，其计算和分析需要结合具体的地理、社会经济和环境背景等因素。通过合理评估土地利用强度，可以为生态保护、土地管理和可持续发展提供科学依据。

（二）土地利用程度

土地利用程度是土地利用类型构成的综合反映，可以表征一定区域内土地资源被人类开发利用的程度。土地利用程度综合指数模型（庄大方和刘纪远，1997）构建了基于土地利用程度的极限分析，认为土地资源的利用具有上限和下限，上限即土地资源利用受人类开发利用的程度达到顶点，几乎不存在进一步利用与开发的空间；而下限即人类对土地资源开发利用的起点，可认为该情况下的土地处于较为原始的状态，尚未受到明显的人类活动干扰。因此，土地利用程度可以表达成一种不连续的函数形式。

耕地、林地、草地、灌木林、湿地、水域、建设用地及未利用地在内的各土地利用类型按照利用程度可分为 4 级（见表 2–5）。为反映自身对区域土地利用程度的贡献，以每种土地利用类型在研究区所占面积比重作为权重，与相应分级指数进行数学综合，形成一个综合指数来反映地区土地利用程度。为便于在 ArcGIS 软件[①] 中处理，在加权综合的基础上乘以 100。

表 2–5　土地利用程度分级赋值

指　标	未利用土地级	林、草、水用地级	农业用地级	城镇聚落用地级
土地利用类型	未利用地	林地、草地、水域	耕地	城镇、农村居民用地，工矿及交通建设用地
分级指数	1	2	3	4

综上，土地利用程度综合指数计算方法如下：

$$LUD = 100 \times \sum_{i=1}^{n} A_i \times C_i \qquad (2\text{–}2)$$

$$LUD \in (100,400) \qquad (2\text{–}3)$$

在式（2–2）和式（2–3）中，LUD 为土地利用程度综合指数；A_i 为区域内第 i 级土地利用类型的利用程度分级指数；C_i 为第 i 级土地利用类型占区内面积的百分比；n 为土地利用程度分级指数，值为 1–4。

（三）土地利用空间特征

土地利用空间特征是指土地利用在地理空间上的分布规律、形态特征及其变化趋势。这些特征可以通过多种方法和指标进行分析和刻画，包括几何特征、类型特征、结构特征以及动态变化特征等。土地利用的空间特征受到自然因素（如地形、气候和自然资源等）和社会经济因素（如人口

① ArcGIS 是美国一个的地理信息系统软件。

密度、经济发展水平和风俗习惯等）的共同作用。通过定量分析和图形表达，可以更全面地理解土地利用的空间分布规律及其变化趋势，为科学规划和政策制定提供依据。

区位熵在衡量某一区域要素的空间分布情况以及其地位和作用等方面，是一个很有意义的指标。该指标应用于区域土地利用结构及变化的研究中，用以刻画不同土地利用类型的优势程度，以及相对于高层次空间的相对集聚程度。区位熵即某一地区某一土地利用类型面积占区域该土地利用类型总面积的比值与该地区土地总面积占区域土地总面积之比，进而计算各地区的土地利用类型区位熵（蒙莉娜和郑新奇，2008）。计算公式为：

$$Q_i = (a_i/A_i)/(b_i/B_i) \tag{2-4}$$

在式（2–4）中，Q_i 为第 i 种土地利用类型的区位熵；a_i 为某地区第 i 种土地利用类型面积；A_i 为研究区第 i 种土地利用类型面积；b_i 为某地区土地资源总面积；B_i 为研究区土地资源总面积。Q_i 的值越大，相应类型的用地在地区的集聚水平就越高，即是地区的优势土地利用类型。

（四）土地利用动态度

土地利用动态度是衡量土地利用类型在一定时间内变化速度和变化幅度的重要指标，用于定量描述土地利用变化的速率和区域差异，用于分析某一特定土地利用类型的变化趋势，例如建设用地、耕地或林地的变化。通过比较不同时间段的动态度值，可以揭示该类土地利用的扩展或缩减程度。土地利用动态度作为一种定量分析工具，能够清晰地反映土地利用变化的速度和幅度。通过单一土地利用动态度和综合土地利用动态度的结合使用，可以全面评估区域土地利用的变化趋势及其对生态环境的影响。

土地利用类型动态度可表达区域一定时间范围内某种土地利用类型的数量变化情况，该值越小，表明研究区域土地利用动态变化越稳定，该值越大，表明研究区域土地利用动态变化越剧烈。其模型表达式为：

$$K = \frac{U_b - U_a}{U_a} \times \frac{1}{T} \times 100\% \tag{2-5}$$

式（2–5）中，K 为某一研究时段某一土地利用类型的动态度；U_a 为某一研究时段初期某一土地利用类型的面积；U_b 为某一研究时段末期某一土地利用类型的面积；T 为某一时段的长度，当 K 设定为年时，K 则为研究区某一土地利用类型的年平均变化率（动态度）。

（五）土地利用结构变化

土地利用结构变化是指在一定时间和空间范围内，不同土地利用类型（如耕地、林地、建设用地等）之间的比例和分布发生变化的现象。这种变化通常受到自然因素、社会经济因素以及政策导向等多方面的影响，并对生态环境、经济发展和区域可持续性发展产生深远影响。土地利用结构的变化反映了人类活动与自然环境之间的复杂互动关系。这种变化不仅影响区域的生态环境质量，还对社会经济发展产生深远影响。因此，合理规划土地利用结构，平衡生态保护与经济发展需求，是实现区域可持续发展的关键。通常利用信息熵、均衡度和优势度三个指标来分析土地利用的结构变化。

信息熵是数学上的一个抽象概念，是某种特定信息的出现概率，系统越有序，信息熵就越低，系统越混乱，信息熵就越高。信息熵公式如下：

$$H = \sum_{i=1}^{n} P_i \ln P_i \quad (2\text{-}6)$$

式（2-6）中，H 是信息熵，P_i 是第 i 种土地利用类型面积占该区域土地总面积的百分比。

$$P_i = \frac{A_i}{A} \quad (2\text{-}7)$$

式（2-7）中，A_i 是第 i 种土地利用类型的面积大小，A 是区域土地总面积。

均衡度反映一定区域内地区之间经济发展的差异状况，用在土地利用结构研究上，则反映该区域内各土地利用类型的结构差异情况，是该区域土地利用结构实际信息熵值与最大信息熵值之比。取值在 0~1 之间，当均衡度为 1 时，该区域土地利用结构为最均衡状态，当均衡度为 0 时，为最不均衡状态。均衡度公式如下：

$$J = \frac{H}{H_m} = \frac{\sum_{i=1}^{n} P_i \ln P_i}{\ln n} \quad (2\text{-}8)$$

式（2-8）中，J 是均衡度，H_m 是信息熵的最大值，H 是实际信息熵值。

优势度表示一个种在群落中的地位与作用，用在土地利用结构研究中，表明研究区域中一种或多种土地利用类型主导土地利用结构的程度。优势度公式如下：

$$I = 1 - J \tag{2-9}$$

式（2-9）中，I 是优势度，J 是均衡度。

二、土地利用变化分析

（一）土地利用强度分析

北京市土地利用强度分析涉及土地利用现状、空间结构、政策规划以及土地利用效益等。根据土地利用强度指数计算结果，北京市 2001—2020 年的土地利用强度指数维持在 2.56，没有波动。北京市土地利用现状显示，土地集约利用程度较高，综合效益较好，但同时也存在一些问题，如人均占有量不足、土地质量不高、后备土地不充分以及耕地减少严重等。这些现状表明，尽管北京市在土地利用方面取得了一定成效，但仍需进一步优化和改进。

北京市多项政策规划对土地利用强度有明确的控制目标。例如，北京市发展和改革委员会于 2016 年 9 月 6 日发布的《北京市“十三五”时期土地资源整合利用规划》提出，到 2020 年，北京市土地开发强度控制在 22.7% 以内，平原地区控制在 45% 以内。此外，中共北京市委和北京市人民政府于 2017 年 9 月 29 日发布并实施的《北京城市总体规划（2016 年—2035 年）》也强调了要统筹土地资源保护和利用工作，强化科学布局、整体保护、系统修复、高效利用、综合治理。

北京市在提升土地资源高质量保护利用水平方面做出了努力。例如，北京市人民政府于 2022 年 6 月 16 日发布的《北京市“十四五”时期土地资源保护利用规划》提出，要处理好“都”与“城”、“舍”与“得”“疏解与提升”的关系，以推动城市发展方式转型与功能格局优化。此外，北京市还通过土地整治新增耕地不少于 43 万亩，并严格三条控制线管理，重塑耕地保护空间。

（二）土地利用程度分析

北京市土地利用程度较高，且呈现出明显的空间差异和类型多样性。北京市 2001—2020 年土地利用程度指数在 255.28~256.06，变化较小。根据土地利用数据，北京市的土地利用类型主要包括耕地、林地、草地、建设用地、水域及未利用地等。这些用地类型在空间上呈现出显著的差异性。近郊城乡接合带混合用地区和远郊农业用地区的多样性指数较高，而城市建设用地区的土地利用程度综合指数较高。随着城市化进程的加快，耕地面积减少而林地和草地面积增加。政府通过一系列政策和规划，努力实现土地资源的高效利用和可持续发展。

（三）土地利用空间特征

北京市土地利用的空间分布可分为四个区域，即首都功能核心区、城市功能拓展区、城市发展新区和生态涵养发展区。截至 2020 年底，首都功能核心区的土地面积约为 92.5 平方千米，占全市共面积的 0.56%，是四区中占地面积最小的区域，且主要以城镇村及工矿用地为主。城市功能拓展区占全市总面积的 7.78%，是北京市现代经济与国际交往功能的重要区域，用地类型以城镇建设用地为主，城市化水平较高。城市发展新区占全市总面积的 38.36%，该区农业用地占比较大，以耕地为主，是北京市基本农田保护的重点地区；农业用地之外的其他土地面积比例也较高，是四区中最具土地资源及开发潜力的区域。生态涵养发展区占全市总面积的 53.3%，是北京市林地和园地面积最大的地区。

北京市的土地利用空间结构特征表现出明显的区域差异，土地利用类型多样化程度指数和土地利用程度指数从西北部山区逐渐增加到东南部平原地区。林地与耕地分别呈“半圆环状”和“条带状”，集中分布于东南部与西北部；交通用地呈“同心圆环放射状”形态特征。从景观角度看，土地利用 / 覆盖多样化指数和土地利用程度指数由西北山区向东南平原地区逐渐增大。

在空间结构方面，北京市的土地利用强度呈现出明显的区域分异特征。城市功能拓展区主要分布在丰台区、海淀区、朝阳区及石景山区。这种空间格局的变化反映了城市扩展的不均衡性，核心功能区以外的区域成为主要的发展区域。

在环境影响方面，土地利用变化对北京市的热环境产生了显著影响。随着城市化的推进，夏季昼夜的地表温度变化较大，水体在白天的相对地表温度基本低于 0℃。此外，城市绿地面积的减少也加剧了城市热岛效应。

总体来看，北京市 2001—2020 年的土地利用程度呈现出耕地面积显著减少的特征，反映了城市化进程中耕地被大量占用的情况；建设用地面积增加，尤其是城市扩展区和功能拓展区的土地利用强度较高；土地利用变化对城市的热环境产生了显著影响，城市热岛效应加剧；城市功能拓展区主要集中在南部和北部的几个区域，显示出明显的区域分异特征。这些变化不仅反映了北京市在经济发展和城市建设中的土地利用策略，也提示了未来在土地利用规划中需要更加注重生态保护和可持续发展。

（四）土地利用动态度分析

北京市土地利用动态度分析主要涉及对土地利用变化速度和强度的评估，不同时间段的土地利用动态度有显著差异（见表 2–6 和表 2–7）。

从耕地面积变化来看，北京市 2001—2020 年的耕地动态度呈现出明显的减少趋势，主要受到城市化进程的影响，耕地大量转化为建设用地。从 2001 年到 2020 年，北京市的耕地面积持续减少，共计减少了 759.78 平方千米。其中在 2016—2020 年，有减少加速的迹象，共计减少了 249.43 平方千米，占比 32.83%，这一显著的变化反映了北京市在这一时期内耕地面积大幅度缩减。

表 2–6　2001—2020 年北京市土地利用类型年度变化量

单位：平方千米

年　份	耕　地	林　地	草　地	灌木林	湿　地	水　域	建设用地	未利用地
2001—2005	–136.20	59.08	13.13	0.00	3.28	–32.82	93.54	3.28
2006—2010	–98.46	9.85	18.05	1.64	1.64	6.56	59.08	0.00
2011—2015	–134.56	21.33	21.33	1.64	0.00	16.41	70.56	0.00
2016—2020	–249.43	50.87	41.03	–11.49	4.92	36.10	128.00	1.64
2001—2020	–759.78	169.02	88.61	–3.28	11.49	52.51	436.51	8.21

表 2-7　2001—2020 年北京市土地利用类型年度变化动态度

单位：%

年　份	耕　地	林　地	草　地	灌木林	湿　地	水　域	建设用地	未利用地
2001—2005	-0.66	0.25	0.14	0.00	6540	-3.17	0.76	8.00
2005—2010	-0.49	0.04	0.20	0.01	10.00	0.75	0.46	0.00
2010—2015	-0.70	0.09	0.23	0.01	0.00	1.74	0.53	0.00
2015—2020	-1.37	0.21	0.44	-0.08	15.00	3.24	0.92	2.22
2001—2020	-0.91	0.18	0.24	-0.01	5740	1.27	0.89	5.00

从建设用地变化来看，北京市 2001—2020 年经历了显著的城市化和建设活动。根据北京市规划和自然资源委员会、北京市发展和改革委员会 2020 年 2 月 28 日发布的《关于印发北京市 2020 年度建设用地供应计划的通知》，2020 年全市建设用地计划供应总量为 3710 公顷，其中产业用地 410 公顷、住宅用地 1000 公顷。这表明北京市在这一时期内持续增加建设用地以支持经济发展和居民住房需求。从城市化进程来看，城镇建成区面积从 2001 年的 2463.14 平方千米增加到 2020 年的 2899.65 平方千米，居住用地也从 383.29 平方千米增加至 427.92 平方千米。这一变化反映了北京市在城市化过程中对建设用地的大量需求，尤其是在居住用地方面的需求。北京市 2001—2020 年的建设用地面积持续增加，共计增加了 436.51 平方千米。其中 2016—2020 年增加较多，共计增加了 128 平方千米。

同时林地、草地、湿地面积也有所增加，这种变化反映了北京市在经济发展和城市建设过程中对土地资源的重新配置和利用。

北京市的土地利用动态度也受到政策的影响。例如，严格控制中心城区用地规模，优先利用闲置地和空闲地，尽量不占或少占耕地。此外，北京市规划委员会和国土资源局合并后，实现了城市总体规划与土地利用规划的整合，进一步影响了土地利用动态度。北京市土地利用动态度在不同时间段表现出不同的变化趋势，总体上呈现出从平缓到加速的变化过程，并受到多种政策和规划的影响。

（五）土地利用结构变化趋势分析

以北京市 2001 年、2005 年、2010 年、2015 年和 2020 年的土地利用数据为基础，计算得出这五个年份土地利用结构的信息熵、均衡度、优势度，如表 2–8 所示。

表 2–8　北京市土地利用结构变化趋势分析

年份	2001年	2005年	2010年	2015年	2020年
信息熵	1.6047	1.6046	1.6084	1.6175	1.6317
均衡度	0.7717	0.7717	0.7735	0.7779	0.7847
优势度	0.2283	0.2283	0.2265	0.2221	0.2153

由表 2–8 可知，北京市土地利用结构的信息熵逐年缓步增长，从整个研究期间（2001—2020 年）看，信息熵从 2001 年的 1.6047 增长到 2020 年的 1.6317，增长了 0.027，年均增长 0.0014。2001—2010 年，信息熵值基本稳定；2010—2020 年，信息熵值有缓步增长的趋势，年平均增长为 0.0023，这说明北京市土地利用结构相对稳定且稳中有升，整体把控得较好。

均衡度处于 0.78 上下，说明北京市的土地利用结构总体上处于较为均衡的状态，且均衡度逐年温和增加，从 2001 年的 0.7717 增加到 2020 年的 0.7847，整体增加 0.013，越来越接近 1。另外，通过面积分析发现，北京市八大土地利用类型中除了耕地和建设用地面积变化明显，其他用地在研究期内的增减幅度差异在慢慢减小，表明北京市土地利用结构有越来越均衡的趋势。

优势度呈现逐步温和减少的趋势，优势水平持续下降，表明各土地利用类型对北京市土地利用结构的主导影响正在减弱，不会因为某一土地利用类型的增加或减少而引起土地利用结构大幅度的不稳定。

综上所述，北京市土地利用结构相对稳定且稳中缓步有升，2010—2020 年，城市扩张明显导致土地利用结构变化较大，但从整个研究期间（2001—2020 年）看，北京市的土地利用结构处于较为均衡状态，并且有向更均衡状态发展的趋势。

三、土地利用类型变化转移分析

土地利用转移矩阵是描述和分析土地利用变化趋势与规律的重要工具，可用于定量描述同一研究区从 T 时刻到 T+1 时刻内土地利用类型的相互转化过程，可以较直观地反映出区域土地利用类型的数量变化特征以及不同土地利用类型变化的方向，全面、具体地描述土地利用变化的结构特征。其核心公式为 X（t+1）=AX（t），其中 X（t）代表第 t 个时期的土地利用状况向量，X（t+1）是第 t+1 个时期的土地利用状况向量，A 则是土地利用转移矩阵。转移矩阵的每一行表示一个时期的土地利用类型，每一列则表示另一个时期的土地利用类型，矩阵元素 A（i，j）反映了第 i 个时期土地利用类型向第 j 个时期转移的概率。

本书利用桑基图（见图 2–5）描述了北京市 2001—2020 年土地利用类型的变化转移情况。桑基图作为一种有效的可视化工具，在土地利用类型总体转移分析中发挥重要作用，能够直观展示不同土地利用类型之间的转换关系和变化趋势，为土地资源管理和规划提供科学依据。

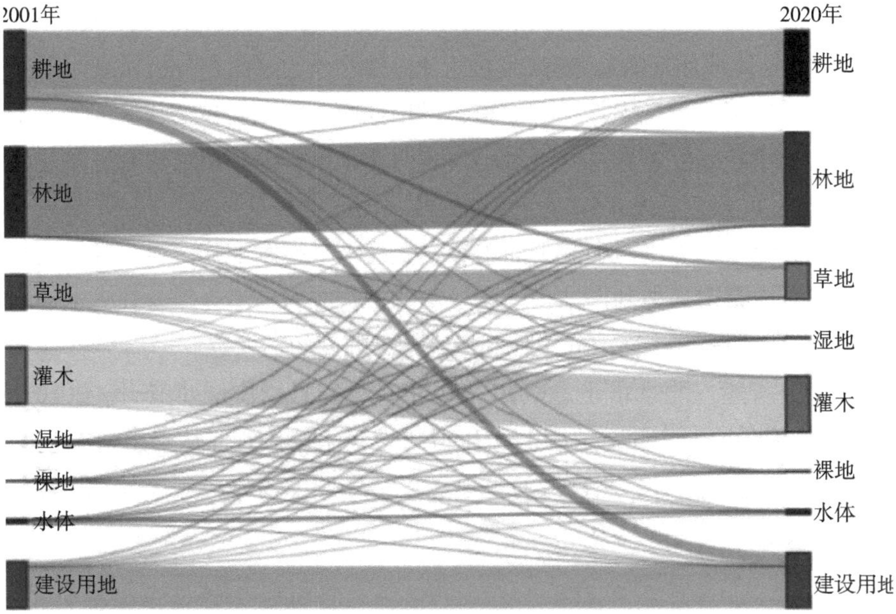

图 2–5　2001—2020 年北京市土地利用动态变化的桑基图（谢帅，2021）

首先，桑基图可以直观地展示不同土地利用类型之间的转换关系。例如，从2001年到2020年，农田面积持续减少，建设用地面积显著增加，森林用地先减少后增加，草地和未利用地总体减少，水域用地总体增加。通过使用土地利用转换矩阵和桑基图，可以更清晰地了解这些变化过程及其影响。

其次，桑基图可以用于分析多个时间节点的土地利用转移情况。例如，通过Python绘制桑基图，可以展示2001—2010年和2010—2020年的土地利用转移情况。这种方法不仅能够展示不同时间段的土地利用类型变化，还能通过颜色区分来避免颜色冲突，从而更好地理解土地利用类型的转移轨迹和数量。

图2–5展示了北京市2001—2020年各土地利用类型面积，以及该时间段各土地利用类型的变化转移情形。耕地、林地、草地、灌木和建设用地是北京市主要的土地利用类型，这五种类型占研究区总面积的比例在2001年分别为25.33%、28.98%、11.11%、18.24%和15.01%，而在2020年则分别为20.70%、30.01%、11.65%、18.22%和17.67%。2001—2020年耕地减少了4.63%，林地增加了1.03%，草地增加了0.54%，灌木减少了0.02%，建设用地增加了2.66%。湿地、水体和裸地这三种类型所占比例较小，在2001年共计为1.33%，而在2020年共计为1.75%，增加了0.42个百分点，且主要是湿地和水体增加引起的。

图中的流线表示各类型的变化转移情形，每一条流线连接着两种类型，表示从某年的一种类型转移到另一年的另一种类型，或者是同一种类型在两个时间点保持不变。其中，连接2001年耕地和2020年建设用地的流线最为密集，表明从耕地转变为建设用地是北京市在2001—2020年发生的最主要的土地利用变化，城市扩张占用了大量耕地，约13.53%的耕地转变为建设用地。

四、2001—2020年各土地利用类型面积变化

由图2–6可知，北京市各土地利用类型的面积在2001—2020年变化趋势较为显著的是耕地和建设用地两个类型，耕地以37.98平方千米/年逐年减少，而建设用地则以21.78平方千米/年逐年增加。其他土地利用

类型则呈现较为平和的变化趋势，林地、草地、灌木、湿地、水体和裸地的年均增速变化依次为 8.46 平方千米、4.43 平方千米、−0.19 平方千米、0.48 平方千米、2.61 平方千米和 0.41 平方千米。这八大土地利用类型中，除了灌木，其他土地利用类型的面积变化趋势在统计上均是显著的。

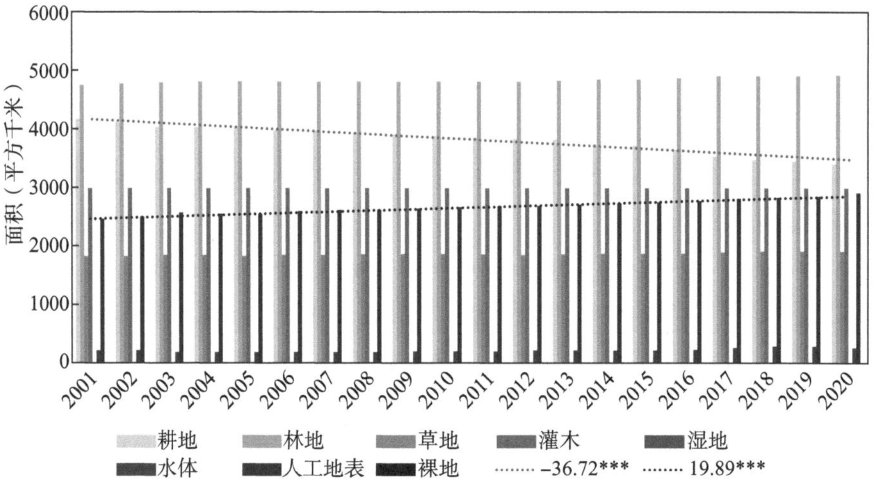

图 2-6　北京市各土地利用类型逐年面积柱状图

北京市五环和六环之间城市扩张的具体原因可以归结为以下五个方面。

（一）解决土地资源稀缺与人口密度增加的矛盾

2001 年数据显示，五环内人口密度极高，每平方千米达到 1.5 万人，而首都功能核心区的人口密度更是超过 2.3 万人。随着城市中心区域的饱和，大量人口向外迁移，特别是向五环和六环之间的地区聚集，这些地区逐渐发展为城市的主要产业带和生态居住区，吸引了大量外来人口和产业。与此同时，五环以内土地资源接近饱和，促使开发商将目光转向五环外的土地市场。

（二）交通便利性考量

环状结构的城市空间扩展主要由交通网络规划驱动。五环和六环作为城市主干道系统的一部分，促进了沿线的土地开发和人口聚集，形成了同心圆模式。修建连接五环与六环的环线快速道，可以有效分流现有放射状道路的车流量，减少绕行距离，提升通行效率，从而缓解交通压力并促进区域经济发展。例如，京沈高速铁路的建设使得从北京城中心到顺义、怀柔、密云等区域形成了经济辐射带，并推动了这一区域的发展。此外，京雄高速公路的完工也进一步促进了京津冀协同发展，使得五环至六环段的交通更加便捷。

（三）政策引导与功能区划分需求

北京市政府通过规划和政策引导，将五环至六环之间的区域定位为科技创新中心和高科技产业聚集区，从而吸引了大量企业和人才。这种政策导向不仅提升了该区域的经济价值，也推动了城市功能的扩展。

（四）历史与规划冲突问题

北京的城市扩张过程中存在“摊大饼”的现象，即以旧城为中心向外建设环线和新区，导致城市不断向外蔓延。例如，北京市正在进行“二绿地区”的拆迁整改工作，规划建设超大尺度的绿色生态空间，这将彻底改变北京的城市格局。

（五）社会经济发展需求

随着城市化进程的加快，五环至六环之间的区域逐渐成为北京市的重要经济增长极，也成为购房者和投资者的新选择，吸引了大量企业和居民，形成了多个卫星城和城镇走廊，推动了高新技术产业、高教园区和居民住宅区的建设。这些地区的经济发展需求进一步推动了城市扩张。

五、北京市城市扩张的驱动力分析

2001—2020 年北京市的城市扩张主要受到人口增长和经济发展的驱动。根据多项研究，人口增长是推动城市土地扩张的核心因素之一，因为随着人口的增加，对住房、基础设施和公共设施的需求也随之增加，从而促使城市空间不断扩展。此外，经济发展也是城市扩张的重要驱动力，尤其是在城市化和工业化快速发展阶段，经济增长能够吸引人口、资本和土地集中流向城市，从而推动城市空间扩展。

人口增长和经济发展是北京市 2001—2020 年城市扩张的主要驱动因素，导致了城市用地的持续增加和土地利用结构的变化。例如，城镇固定资产投资、城镇化水平以及第二和第三产业的发展都对城市扩展有显著影响；城市人均 GDP 的增长也表明经济发展水平是决定城市空间规模的关键因素；交通基础设施的改善和城市规划政策也对城市扩展起到了重要作用。

为了分析北京市 2001—2020 年扩展的驱动力，统计每年的建设用地面积（AS），并将 AS 作为城市扩张的因变量，结合相关的主要社会经济指标，采用相关分析方法，探测社会经济发展与城市扩张的内在联系。其中相关的主要社会经济指标包括总人口数（TP）、城镇人口数（UP）、城市化率（UR，即城镇人口占总人口的比重）、地区生产总值（GDP）、地区生产总值中第二产业（SGDP）和第三产业（TGDP）所占比重等。

由图 2-7 可知，北京市总人口数和城镇人口数在 2001—2015 年呈现快速增长趋势，其中总人口增长了约 785 万，城镇人口增长了约 796 万，而 2015 年以后逐渐趋于稳定；城市扩张在 2001—2011 年表现为迅速增长趋势，增长了约 8%，之后则趋于稳定。GDP 在 2001—2020 年呈现快速增长趋势，从不同产业来看，第二产业占比逐年下降，第三产业占比不断上升，表明第三产业的贡献最大，是 GDP 增长的主导因素。

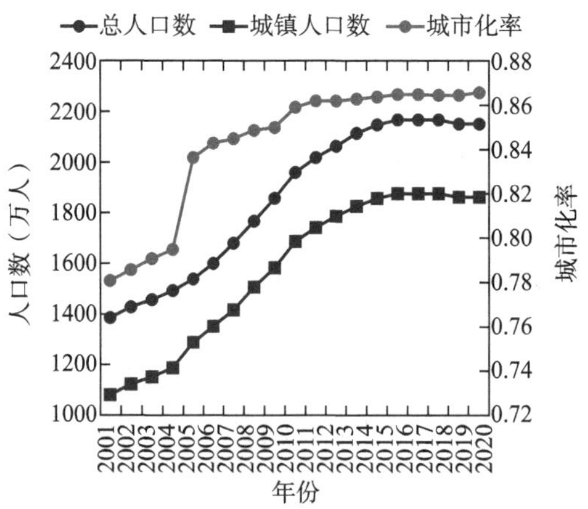

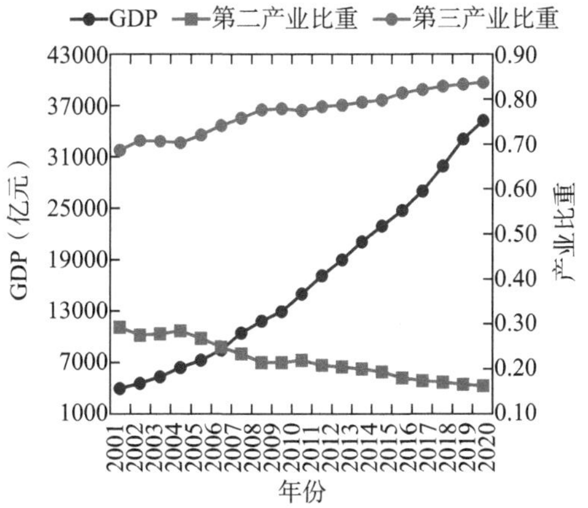

图 2–7 北京市主要社会经济指标的变化趋势（谢帅，2021）

表 2–9 提供了相关的各社会经济指标和建设用地面积之间以及各社会经济指标之间的 Pearson 相关系数（r），相关系数 r 的取值范围在 –1 到 1，r 的绝对值越接近 1，表示两个变量相关性越强；r 大于 0，表示正相关；小于 0，表示负相关；等于 0，则表示变量之间不存在线性相关性。与 AS 相关性最强的两个指标是 GDP 和 TP，表明二者是北京市城市扩张的主要驱动力；UP 和 UR 指标与 AS 也有较强的相关性，但相关系数低于 TP。从不同产业 GDP 来看，SGDP 与 AS 表现出了极强的负相关性，而 TGDP 与 AS 的正相关性仅次于 GDP 总量。这表明，随着城市扩张，第二产业 GDP 比重不断下降，而第三产业 GDP 比重不断上升，显示其是促进北京市快速发展的主要因素。

表 2–9 建设用地面积、各社会经济指标之间的 Pearson 相关系数（r）

	AS	TP	UP	UR	GDP	SGDP	TGDP
AS	1	0.93	0.93	0.83	0.98	−0.96	0.96
TP		1	0.99	0.90	0.92	−0.96	0.97
UP			1	0.93	0.91	−0.97	0.97
UR				1	0.78	−0.90	0.91
GDP					1	−0.95	0.95
SGDP						1	−0.99
TGDP							1

第四节　土地利用存在的问题及对策建议

一、存在的主要问题

北京市2001—2020年土地利用的发展面临诸多问题，这些问题主要集中在土地资源紧张、耕地保护形势严峻、土地利用效率低下以及城乡接合部土地开发矛盾突出等方面。

（一）土地资源紧张

北京市土地资源紧张的问题主要体现在土地资源的供需矛盾、土地利用效率以及生态承载力等方面。研究表明，北京市土地资源承载力较强，但其人均土地占有量少，耕地面积减少且地力下降，可开发利用的后备资源不足。此外，随着城市化进程的加快，城市用地快速扩张，导致土地资源约束日益严重。同时，建设用地的增加也对生态环境造成了压力，尤其是在北京南部和北部郊区，出现了人口滞后、土地开发过快和生态健康不稳定等问题。

（二）耕地保护形势严峻

北京市作为我国首都，人口密度大，土地资源有限。随着城市化进程的加快，建设用地需求不断增加，而耕地面积持续减少，人地矛盾日益加剧。平原地区土地资源尤为紧张，新增建设用地主要依赖于对耕地的占用，进一步加剧了耕地保护的压力。由于城镇化扩张和农业结构调整，耕地面积和质量均出现下降趋势。同时，新增耕地难以达到质量要求，部分区域甚至出现违法建设占用耕地的现象。随着经济的发展，城市化水平提高，北京市建设用地持续增加，且其年变化率相对较大，致使人地关系日益紧张。

（三）土地利用效率低下

经过多年的开发利用，北京市可利用的土地资源数量越来越少，且大多分布于远郊地区，开发利用的难度较大。在统筹生态环境保护的要求下，可利用土地资源的开发利用受到了严格的限制，致使今后北京市可开发利用的土地资源非常有限，除非占用其他土地利用类型。同时，北京市土地利用效率不高，部分区域存在低效用地现象。例如，部分创新产业区的土地利用强度不足，综合容积率远低于国际先进水平；老旧厂房、低效产业园区等存量资源的盘活利用不足，导致土地资源浪费。此外，城乡接合部的土地开发也存在规划不协调、功能不匹配等问题。例如，“绿隔”政策实施后，城乡接合部的土地利用模式需要进一步优化。

二、对策建议

（一）实行土地用途管制，切实保护耕地

制定严格的耕地保护政策，确保耕地保有量不减少，并通过退耕还林、退耕还草等方式优化农业用地结构。严格保护耕地和农业用地，按照不占或少占的原则，严格控制各类建设用地占用农业用地的规模，深入耕地保护的经济补偿政策研究，并且加强耕地的综合治理，积极推进耕地规模化、集约化经营。推动高标准农田建设，提高耕地质量和产出能力。加强对建设用地的需求引导和供给控制，推进建设用地走集约化用地模式。鼓励开发利用地下地上空间，优先开发废弃、低效、闲置的土地，提高建设用地利用效率。

（二）改善土地的生态环境

加强生态涵养区的建设，保护林地和草地资源。规范工业发展，鼓励企业更新、引进先进的污染处理设备与技术，最大程度地实现清洁生产。推行绿色建筑和低碳发展策略，减少城市建设对生态环境的影响。加强对城市环境设施的改造，提高城市绿地覆盖率，完善生活垃圾的回收和污染处理技术，降低城市化影响生态环境变化的不利因素。优化城乡接合部土地开发模式，完善城乡接合部的土地开发规划，推动产城融合和职住平衡，推进农村集体经营性建设用地入市试点，促进城乡土地资源的高效配置。

（三）加强土地管理与政策支持

完善土地法律法规体系，加强执法力度，防止违法用地和乱占耕地现象。推动土地储备开发体制机制改革，提高宏观调控能力。提升公共服务设施配套，完善居住区的公共服务设施，缓解职住分离问题。推动城市次中心建设，分散中心城区的人口和功能压力。

北京市的土地利用问题需要从政策、规划、管理等多方面入手进行综合治理。通过加强耕地保护、提高土地利用效率、优化城乡接合部开发模式以及推动绿色生态建设等措施，有效缓解当前的土地利用矛盾，为首都的可持续发展提供坚实保障。

第三章

北京市土地利用变化的碳排放核算及效应研究

第一节　碳排放核算体系构建

自然碳排放过程和人为碳排放过程与土地利用类型关系密切，不同土地利用类型承担的生态、社会、经济的功能和作用各不相同，碳排放过程也存在显著差异。因此，构建不同土地利用类型的碳排放清单有着重要的意义。

土地利用碳排放包括能源消耗、工业生产、人类呼吸、废弃物排放、交通出行、农地利用等不同土地利用类型所承载的碳排放，主要针对含碳温室气体。在土地利用碳排放领域，工业用地、居住用地、交通用地、公共及商服用地和其他农业用地一般呈现为碳源，园地、林地、草地、水域、湿地、其他未利用地和城市绿地一般呈现为碳汇，而耕地既是碳源又是碳汇。

土地利用变化的碳排放核算体系应包括对土地利用类型转换的详细分析，主要是考虑各种土地利用类型的碳源和碳汇效应，并结合区域特征和管理措施等进行综合评估。因此，在碳排放核算体系中，需要考虑不同土地利用类型之间的转换及其对碳源和碳汇的影响。

一、碳排放核算体系构建原则

在构建土地利用碳排放核算体系时，主要遵循以下五项原则。

一是相关性原则，是指要体现出不同土地利用类型碳排放的基本特征，确保核算体系恰当地反映土地利用碳排放的基本情况，服务于决策需要。

二是重要性原则，是指在识别和筛选出主要碳排放源和温室气体排放类型的基础上，尽量覆盖土地利用碳排放清单边界内所有温室气体的碳排放源与活动。

三是一致性原则，是指核算方法体系内部与外部均要保持一致性。内部一致性是为了增加碳排放水平趋势分析与减排措施提出的可靠程度，而在土地利用碳排放清单的编制过程中，无论是边界确定还是核算方法、活动水平，均需要保持一致性与系统性；内部一致性也有利于对不同土地利用类型、地区、时间段进行对比分析。外部一致性是要与国际和国家主流方法体系保持一致，符合国际和国家关于温室气体排放核算方法及排放系数的选择。

四是透明性原则，是指碳排放核算体系构建的过程中，每一步均保证数据透明、计算过程和方法清晰并且说明数据来源，以便数据能够被检查。

五是准确性原则，是指碳排放核算方法、碳排放系数与活动水平等数据都需要尽可能保证准确性，尽可能减少偏差和不确定性，所以在基础数据的来源、处理和计算等环节都要表述清楚，以便给予管理者科学的决策依据。

二、土地利用与碳排放关联框架

土地利用与碳排放之间的关联框架主要体现在土地利用类型、管理方式及其变化对碳排放的影响机制上。研究表明，土地利用碳源 / 碳汇作用机理是理解这一关系的基础，通过分析土地利用类型和管理方式对碳排放的影响，可以进一步探讨用地变化如何导致碳排放增加（揣小伟，2025）。

土地利用变化对碳源和碳汇过程具有显著影响，不同土地利用类型（如林地、草地、湿地、耕地等）在碳源和碳汇方面表现出不同的作用机制，碳源 / 碳汇的计算过程也不相同。城镇用地、农村居民点用地、工矿用地、大型工业区等建设用地既是碳源又是碳汇，其碳源强度远大于碳汇强度。耕地、林地、草地和水域既是碳汇又是碳源，但这些土地利用类型的碳汇强度远高于碳源强度。在未利用土地上，因人类工程活动极少，所以其碳排放强度可以忽略不计，但未利用土地上生长有自然植被，有自然植被生长的地方必进行光合作用，因此存在碳吸收过程。不同土地利用类型的碳排放可分为人为过程和自然过程，生活能源消耗、人类废弃物等人类活动所产生的碳排放为人为过程，土壤、自然植被、水、微生物等的碳排放为自然过程。土地利用与碳排放关联关系示意图如图 3-1 所示。

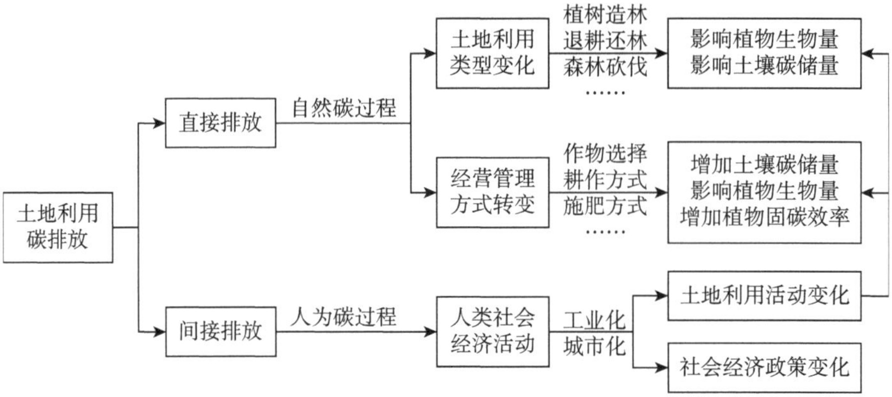

图 3-1　土地利用与碳排放关联关系示意图

第二节　碳收支核算方法

一、碳收支核算

碳收支是指在一定时间内特定区域碳吸收（固碳）与碳排放之间的平衡关系，其净值决定该特定区域是碳汇（吸收>排放）还是碳源（排放>吸收）。碳收支核算是通过量化评估特定区域的碳源（碳排放量）与碳汇（碳吸收量）的差值，评估碳净排放状态，为碳中和目标提供科学支撑的监测过程。这一核算体系需整合土地利用、能源消耗和生态系统数据，但存在区域差异显著、数据衔接不完善及碳汇整合不足等问题。

碳收支核算涉及碳排放和碳吸收的量化分析，包括碳排放源（如能源消费、工业生产和土地利用变化等）和碳汇（如森林、土壤和农业等生态系统）的统计与建模。基于遥感和 GIS 技术的土地利用碳收支核算方法，可以精确计算不同土地覆盖类型的碳排放和碳吸收量。此外，碳收支核算还可以结合社会经济数据、人口数据和能源数据等，通过区域土地利用状况实现更精细化的核算。碳收支核算不仅为区域或国家的低碳发展提供科学依据，还为区域间碳补偿机制设计提供数据支持，是实现“双碳”目标的重要工具，其应用范围涵盖区域、城市、企业和全球多个层面。通过不断优化核算方法和提升数据精度，可以为应对全球气候变化提供更加有力的支持。

碳源核算采用清单法，结合 IPCC 清单指南和国内外相关文献，对区域碳排放和碳吸收进行核算。碳汇采用遥感监测方法获取的生物量数据进行测算。

碳收支核算，即净碳排放测算可以反映区域碳排放与碳吸收的关系，净碳排放量为正，说明区域生态环境较好；相反，则说明区域生态环境较差。测算公式如下：

$$NCE = CE - CA \tag{3-1}$$

公式（3-1）中，NCE 为区域净碳排放量（吨碳 / 年），CE 为区域碳排放量（吨碳 / 年），CA 为区域碳吸收量（吨碳 / 年）。

二、土地利用碳排放测算

碳排放是指向大气中排放温室气体的任何过程或活动，温室气体中最主要的气体是 CO_2。碳排放主要包括能源消费碳排放、农业生产活动碳排放、人类呼吸碳排放、固体废弃物碳排放、废水碳排放、农作物碳排放、土地利用碳排放等。土地利用碳排放分为直接碳排放和间接碳排放，主要包括耕地碳排放、建设用地碳排放，其中建设用地为主要碳源。土地利用直接碳排放主要指不同土地利用类型引起的碳排放，采用直接碳排放系数法对耕地、园地、林地、草地、水域用地及其他用地的碳排放进行估算；土地利用间接碳排放主要是指各类土地利用类型上所承载的所有人作用产生的碳排放量。

根据区域土地利用变化特征分析，从碳排放核算来说，建设用地、耕地和水域为碳源，林地、草地和未利用地为碳汇。建设用地的碳排放通过其作为能源耗费空间载体的碳排放系数来间接估算，主要是指承载的各种人为碳排放源，包括生态、生产、生活所需能源消耗产生的碳排放等。能源耗费碳排放可采用 IPCC 清单法估算能源消耗量。

（一）耕地碳排放测算及效应

耕地碳排放大部分是由于农业生产活动中进行的大量农业投入等直接

或间接产生的温室气体造成的，如化肥、农药、农膜、农业机械等消耗的燃料，而小部分是由土壤有机碳以及农作物残体通过分解产生的。耕地碳排放测算如下列公式（3–2）所示：

$$E_g = \sum (T_g \times \delta_g) \tag{3–2}$$

式（3–2）中，*Eg* 为耕地的碳排放总量；*Tg* 为耕地各种碳排放来源的排放量；δ_g 为耕地各种碳排放来源的碳排放系数。

（二）林地、草地、未利用地碳排放测算及效应

林地和草地碳排放测算公式（3–3）所示：

$$E_i = S_i \times f_i \tag{3–3}$$

式（3–3）中，E_i 为第 i 种土地利用类型的碳排放量；S_i 为第 i 种土地利用类型的总面积；f_i 为第 i 种土地利用结构的碳吸收系数。其中，林地和草地的碳吸收系数可采用经验数据。

（三）建设用地碳排放测算及效应

由于在建设用地利用过程中会产生原煤、原油、燃料油、汽油、煤油、柴油、天然气等能源消耗，进而产生碳排放，计算这些主要能源的碳排放量，可对建设用地的碳排放效应进行评价。建设用地能源消耗碳排放量测算公式为：

$$E_a = \sum_{j}^{n} (B_j \times C_j \times D_j \times G_j) \tag{3–4}$$

式（3–4）中，E_a 为建设用地碳排放量；n 为能源种类数；B_j 为能源 j 的消耗量，按标准煤计算，标准煤折算系数来源于《中国能源统计年鉴》中的各种能源折标准煤参考系数（见表 3–1）；C_j 为煤的有效氧化分数；D_j 为单位标准煤的含碳率；G_j 为 CO_2 释放量与燃料燃烧排放规模的倍数关系。

表 3-1 各种能源折标准煤系数与碳排放系数

能源	单位	折标准煤系数	碳排放系数
煤炭	吨	0.7143	0.7559
洗精煤	吨	0.9	0.7559
其他洗煤	吨	0.35715	0.2155
焦炭	吨	0.9714	0.855
焦炉煤气	万立方米	5.9285	0.3548
高炉煤气	万立方米	1.286	0.3548
转炉煤气	万立方米	2.52	0.3548
天然气	万立方米	12.15	0.4483
液化天然气	吨	12.15	0.4483
原油	吨	1.4286	0.5837
汽油	吨	1.4714	0.5538
煤油	吨	1.4714	0.5714
柴油	吨	1.4571	0.5921
燃料油	吨	1.4286	0.6185
液化石油气	吨	1.7143	0.5042
炼厂干气	吨	1.5714	0.4602
热力	百万千焦	0.03412	0.2601
电力	万千瓦时	1.229	0.8843

三、土地利用碳吸收测算

碳吸收主要是指从空气中清除 CO_2 的过程、活动和机制等，一般是指植被吸收并储存 CO_2 的多少，或者说是植被吸收并储存 CO_2 的能力。碳吸收主要包括各种植被碳吸收、水域碳吸收和土壤碳吸收等。土地利用的碳吸收测算主要涉及耕地、林地、草地、湿地、水域、未利用地等土地利用类型。碳吸收量以系数法进行测算，计算公式如下：

$$CA = \sum S_i \times \propto_i \tag{3-5}$$

式（3-5）中，CA 为区域碳吸收量（$tc \cdot a^{-1}$），S_i 为第 i 种土地利用类型的总面积，$\propto_i$ 为第 i 种土地利用类型吸收系数，该系数可通过前人的研究成果所得。参照已有研究成果，选取 $-0.00075\times10^4t/km^2$ 作为耕地（吸收）的碳排放系数，选取 $-0.0381\times10^4t/km^2$、$-0.00948\times10^4t/km^2$ 分别作为林地和草地的碳排放系数，选取 $-0.0003\times10^4t/km^2$、$-0.0005\times10^4t/km^2$ 分别作为水域和未利用地的碳排放系数。归纳整理可得，本书中不同土地利用类型的碳排放（吸收）系数如表 3–2 所示。

表 3–2　不同土地利用类型碳排放（吸收）系数

土地利用类型	碳排放(吸收)系数($10^4t/km^2$)
耕地(排放)	0.00422
耕地(吸收)	-0.00075
林地 / 灌木林	-0.0381
草地	-0.00948
水域	-0.0003
湿地	-0.00372
未利用地	-0.0005

第三节　碳排放效应分析

一、碳吸收强度

碳吸收强度是指单位面积或单位产量生态系统在一定时间内吸收 CO_2 的能力，通常以吨碳 / 公顷 / 年（$t\,C\cdot hm^{-2}\cdot a^{-1}$）或千克碳 / 公顷 / 年（$kg\,C\cdot hm^{-2}\cdot a^{-1}$）为单位。这一指标反映了生态系统对大气中 CO_2 的固定能力，是衡量生态系统碳汇功能的重要参数。碳吸收强度是一个复杂的生态系统功能指标，其变化受到多种自然和人为因素的影响。不同地区和生态系统类型的碳吸收强度差异显著，且随时间推移呈现不同的变化趋势。未来的研究应进一步关注气候变化对碳吸收强度的影响，以及如何通过优化土地利用和管理措施提高生态系统的碳汇能力。

土地利用碳吸收强度包括地均碳吸收强度、人均碳吸收强度和单位

GDP 碳吸收强度，可以用来衡量一定时期内土地利用面积、人口数量、地区生产总值与土地利用碳吸收之间的关系。

地均碳吸收强度 = 土地利用碳吸收量 ÷ 土地面积

人均碳吸收强度 = 土地利用碳吸收量 ÷ 常住人口数量

单位 GDP 碳吸收强度 = 土地利用碳吸收量 ÷ 地区生产总值

碳吸收强度计算公式如下：

$$AI_i = CA/i \tag{3-6}$$

式（3–6）中，AI_i 为碳吸收强度，i 可代表 GDP（万元）、土地面积（平方千米）、人口数量（万人），AI_i 分别表示单位 GDP 碳吸收强度（吨 / 万元）、地均碳吸收强度（吨 / 平方千米）、人均碳吸收强度（吨 / 万人）；CA 为碳吸收量（吨碳 / 年）。

二、碳排放强度

碳排放强度是指单位经济产出（如 GDP 或产值）所对应的 CO_2 排放量，是衡量一个国家或地区能源利用效率和环境友好程度的重要指标。碳排放强度的变化受到多种因素的影响，包括能源结构、技术水平、产业结构、经济发展水平等。不同地区的碳排放强度也存在显著差异，这与当地的经济发展水平、产业结构和能源消费模式密切相关。在具体应用中，碳排放强度被广泛用于评估减排效果、制定低碳发展政策以及监测区域或行业环境绩效。

土地利用碳排放强度包括地均碳排放强度、人均碳排放强度和单位 GDP 碳排放强度，可以用来衡量一定时期内土地利用面积、人口数量、地区生产总值与土地利用碳排放之间的关系。

地均碳排放强度 = 土地利用净碳排放量 ÷ 土地面积（仅包含农业用地和建设用地面积）

人均碳排放强度 = 土地利用净碳排放量 ÷ 常住人口数量

单位 GDP 碳排放强度 = 土地利用净碳排放量 ÷ 地区生产总值

碳排放强度计算公式如下：

$$EI_i = CE/i \tag{3-7}$$

式（3–7）中，EI_i 为碳排放强度。CE 为碳排放量（吨碳 / 年）。i 可代表 GDP（万元）、土地面积（平方千米）或人口数量（万人），当 i 代表 GDP（万元）时，CE/i 表示单位 GDP 碳排放强度（吨 / 万元）；当 i 代表土地面积时，CE/i 表示地均碳排放强度（吨 / 平方千米），当 i 代表人口数量时，CE/i 表示人均碳排放强度（吨 / 万人）。

三、净碳排放强度

净碳排放强度是指单位产出或单位活动所产生的净碳排放量，通常以每平方米建筑面积（m^2）、每千瓦时（kWh）、每吨产品（t）或其他相关单位来衡量。净碳排放强度的计算方法和应用范围因领域和场景的不同而有所差异。净碳排放强度是一个多领域适用的重要指标，广泛应用于城市土地利用、能源消费、交通等多个领域，反映土地利用效率的提升和碳排放强度的变化。

土地利用净碳排放可以反映区域内碳排放与碳吸收的关系。

净碳排放强度计算公式如下：

$$NEI_i = NCE/i \tag{3-8}$$

公式（3-8）中，NEI_i 为净碳排放强度。NCE 为净碳排放量（吨碳 / 年）。i 可代表 GDP（万元）、土地面积（平方千米）或人口数量（万人），当 i 代表 GDP（万元）时，NCE/i 表示单位 GDP 净碳排放强度（吨 / 万元）；当 i 代表土地面积时，NCE/i 表示地均净碳排放强度（吨 / 平方千米），当 i 代表人口数量时，NCE/i 表示人均净碳排放强度（吨 / 万人）。

四、碳吸收生态承载系数

碳吸收生态承载系数（Ecological Support Coefficient，ESC）是衡量区域碳吸收能力的重要指标，用于反映区域生态系统对碳排放的吸收贡献程度。ESC 的计算公式和应用在不同研究中有所差异，但其核心思想是通过比较区域内的碳吸收量与碳排放量来评估区域生态承载能力。ESC 不仅能够帮助识别区域的碳汇功能和优化区域减碳政策，还能为制定生态保护措施提供科学依据，是评估区域生态系统健康状况和碳汇能力的重要指标。

用碳吸收系数 D 表示某区域内碳汇吸收能力；ESC 表示某区域内碳汇吸收能力的相对大小，该指标能够从全市尺度反映某区域的碳吸收对碳排放总量的消纳能力。计算公式分别为：

$$D_i = CA_i / CE_i \tag{3-9}$$

$$ESC_i = \frac{CA_i}{CA} / \frac{C_i}{C} \tag{3-10}$$

式（3–9）和公式（3–10）中，CA_i 表示 i 区域的碳汇用地吸收量；CE_i 表示该区域的碳源用地排放量；C_i、C 为 i 区域单元和全市的碳排放总量。ESC 主要用于评价区域生态系统对碳排放的吸收能力，是衡量生态环境健康状况的重要指标之一，若 $ESC_i > 1$，表明 i 区域碳吸收能力相对较高，对全市碳排放的消纳有积极作用；若 $ESC_i < 1$，则表明该区域碳吸收能力相对较低，对全市碳排放的消纳有负面影响。

五、碳排放经济贡献系数

碳排放经济贡献系数（Economic Contribution Coefficient，ECC）是衡量区域碳排放对经济发展的贡献程度的重要指标。该系数用于评估区域内碳排放量与经济发展之间的关系，反映碳排放对经济发展的贡献水平。若某地区的 ECC 值较高，则表明该地区碳排放对经济增长的贡献较大；反之，则表明贡献较小。ECC 值还可以用来分析区域间碳排放经济贡献的差异性，从而为协调经济建设和生态文明建设提供科学依据。在具体应用中，ECC 可以用于区域经济与碳排放的公平性分析，通过比较不同地区或统计单元的 ECC 值，揭示区域间碳排放经济贡献的不平衡性；也可用于政策制定与优化，帮助政府制定更合理的减排策略，优先考虑区域实施低碳发展的政策。

ECC 可以用来比较区域碳排放的经济效率，计算公式如下：

$$ECC_i = \frac{G_i}{G} / \frac{C_i}{C} \tag{3-11}$$

式（3–11）中，G_i、G 为 i 区域单元和全市的 GDP；C_i、C 为 i 区域单元和全市的碳排放总量。若 $ECC_i > 1$，则表明 i 区域单元经济贡献率大于土地利用碳排放的贡献率，说明其碳排放的经济效率相对较高；若 $ECC_i < 1$，则说明该区域单元碳排放的经济效率相对较低。

六、基尼系数

基尼系数（Gini Coefficient）是一个用于衡量收入或财富分配不平等程度的统计指标，由意大利经济学家科拉多·基尼（Corrado Gini）于1912年提出。其值介于0~1，数值越接近0表示收入分配越平等，而数值越接近1则表示收入分配越不平等。基尼系数的计算基于洛伦兹曲线（Lorenz Curve），该曲线通过比较累计收入与人口累计百分比的关系来展示收入分配的不平等程度。基尼系数等于洛伦兹曲线下方与对角线之间的面积与整个三角形面积的比例。

用改进的基尼系数 *Gini* 来度量某指标的区域差异及均衡程度。计算公式如下：

$$Gini = \sum \sum |x_i - x_j| / (2n^2 \bar{x}) \tag{3-12}$$

式（3-12）中，x_i、x_j 为 i 区域和 j 区域的某指标；$\bar{x}$ 为区域某指标的平均值；n 为区域单元样本总数。*Gini* 值越大，表示区域差异越大。$Gini < 0.2$ 表示“高度平均”；$0.2 \leq Gini < 0.3$ 表示“相对平均”；$0.3 \leq Gini < 0.4$ 表示“比较合理”；$0.4 \leq Gini < 0.5$ 表示“差异偏大”；$Gini \geq 0.5$ 表示“高度不平均”。

七、耦合协调度

耦合协调度（Coupling Coordination Degree，CCD）是衡量两个或两个以上系统之间相互作用和协调发展程度的重要指标，作为一种衡量系统间协调发展程度的重要工具，在多个领域得到了广泛应用。耦合协调度通常通过数学模型计算得出，反映不同系统之间的协调性。其取值范围为0到1，数值越接近1表示协调性越好。不同研究对耦合协调度的分类标准略有差异，但普遍将耦合协调度划分为多个等级。

碳排放经济贡献和土地利用强度耦合协调度计算公式为：

$$H = \sqrt{\left\{f(x) \cdot g(x) \cdot \left[\frac{f(x) + g(x)}{2}\right]^{-2}\right\}^k \cdot [af(x) + bg(x)]} \tag{3-13}$$

式（3-13）中，$f(x)$、$g(x)$ 分别表示标准化的碳排放经济贡献 *ECC*

和土地利用强度 I；a、b 为权重，一般均取值 0.5；k 为调节系数，$k \geqslant 2$，本书取值 2。$0 \leqslant H \leqslant 1$，值越大表示耦合协调度越高。

第四节 北京市土地利用碳排放格局分析

一、碳收支核算结果

（一）碳排放总量

依据 2001—2020 年北京碳排放总量核算结果可知（见表 3-3，表 3-4 和图 3-2），北京碳排放总量变化趋势分两个阶段，第一阶段由 2001 年的 2088.74 万吨增长到 2007 年 2858.49 万吨；第二阶段表现为下降趋势，降至 2020 年的 1554.33 万吨，在 2001—2020 年的 20 年间，碳排放量呈现先增长后下降的趋势（见图 3-3）。这也充分验证了北京市自举办 2008 年奥运会后，持续的低碳工作出现了显著的效果。从碳排放量结构看，能源消耗仍然是碳排放的主要来源，占比 80%~90%，且呈现增加的趋势，表明减少能源消耗仍然是降低碳排放的主要方向；其他碳排放源主要来自工业生产、废弃物和农业活动等，占比约 10%，其中废弃物在 2001—2020 年的碳排放量相对稳定，工业生产的碳排放呈现下降的发展趋势，尤其 2010 年后持续下降；而废弃物的碳排放则呈现稳步增长的态势，尤其近五年增长趋势有所加快。

表 3-3　2001—2020 年北京市土地利用碳收支核算结果

单位：10^4 吨 / 平方千米

年份	碳排放					碳吸收								净碳收支
	耕地	能源消耗	工业生产	废弃物	碳排放量	耕地	林地	草地	灌木	湿地	水域	未利用地	碳吸收量	
2001	17.54	1723.90	327.70	19.60	2088.74	3.12	181.19	17.28	114.04	0.01	0.06	0.00	315.70	1773.04
2002	17.30	1790.50	330.20	18.90	2156.90	3.07	182.13	17.33	113.98	0.01	0.06	0.00	316.57	1840.32
2003	16.97	1902.50	342.30	19.30	2281.07	3.02	182.88	17.49	114.04	0.01	0.05	0.00	317.48	1963.59
2004	17.02	2043.40	368.30	20.30	2449.02	3.03	183.31	17.45	114.04	0.01	0.05	0.01	317.90	2131.12
2005	16.97	2175.90	365.10	22.00	2579.97	3.02	183.44	17.41	114.04	0.01	0.05	0.01	317.97	2262.00
2006	16.79	2300.60	371.70	24.70	2713.79	2.98	183.50	17.42	114.10	0.01	0.05	0.01	318.08	2395.72
2007	16.69	2457.10	358.70	26.00	2858.49	2.97	183.56	17.47	114.10	0.01	0.05	0.01	318.17	2540.32
2008	16.63	2331.20	228.20	30.90	2606.93	2.96	183.81	17.58	114.17	0.01	0.05	0.01	318.58	2288.35
2009	16.50	2316.00	249.30	37.40	2619.20	2.93	183.88	17.58	114.17	0.02	0.05	0.01	318.63	2300.57
2010	16.38	2398.80	235.20	37.20	2687.58	2.91	183.88	17.59	114.17	0.02	0.05	0.01	318.62	2368.96
2011	16.25	2263.00	99.00	37.80	2416.05	2.89	184.07	17.55	114.23	0.02	0.06	0.01	318.80	2097.25
2012	16.20	2233.90	94.60	38.50	2383.20	2.88	183.94	17.45	114.23	0.02	0.06	0.01	318.58	2064.62
2013	16.13	2076.80	96.60	40.90	2230.43	2.87	184.13	17.53	114.23	0.02	0.06	0.01	318.83	1911.60
2014	15.80	2001.40	75.50	49.90	2142.60	2.81	184.63	17.75	114.29	0.02	0.06	0.01	319.56	1823.04
2015	15.69	1772.40	59.30	52.20	1899.59	2.79	184.88	17.75	114.29	0.02	0.06	0.01	319.79	1579.80
2016	15.39	1649.30	54.30	67.00	1785.99	2.73	185.69	17.73	114.35	0.02	0.07	0.01	320.60	1465.38
2017	14.90	1528.00	39.80	74.00	1656.70	2.65	187.00	17.95	114.29	0.04	0.07	0.01	322.01	1334.70
2018	14.68	1469.40	42.20	83.50	1609.78	2.61	187.19	18.06	114.17	0.04	0.08	0.01	322.15	1287.63
2019	14.58	1436.30	33.90	102.60	1587.38	2.59	187.25	18.12	113.92	0.05	0.08	0.01	322.01	1265.36
2020	14.33	1400.00	32.00	108.00	1554.33	2.55	187.63	18.12	113.92	0.04	0.08	0.01	322.34	1232.00

表 3-4 2001—2020 年北京市各区土地利用净碳收支核算结果

单位：10^4吨 / 平方千米

年份	2001	2002	2003	2004	2005	2006	2007	2008	2009	2010	2011	2012	2013	2014	2015	2016	2017	2018	2019	2020
东城区	22.68	22.97	24.22	25.81	27.12	27.95	28.81	25.67	25.74	26.15	22.97	22.45	20.74	19.36	16.47	14.90	13.35	18.23	17.63	16.57
西城区	28.21	28.57	30.12	32.10	33.74	34.76	35.83	31.93	32.02	32.53	28.57	27.92	25.80	24.13	20.55	18.65	16.68	22.67	21.92	20.61
朝阳区	248.69	252.76	269.20	287.53	302.79	313.68	325.54	290.20	292.69	300.04	264.77	258.98	239.35	222.81	189.01	168.58	150.63	186.40	182.35	176.99
丰台区	114.87	116.94	123.47	132.19	139.84	146.74	151.98	135.42	135.81	139.09	122.14	119.38	110.30	105.05	90.27	82.71	74.23	90.39	87.46	83.04
石景山	37.91	38.42	40.51	43.18	45.42	46.82	48.66	43.37	43.49	44.19	38.80	37.92	35.04	33.06	29.09	27.17	24.54	29.38	28.67	27.58
海淀区	145.30	150.16	158.33	169.93	179.40	185.74	192.83	171.82	172.31	177.28	155.82	152.44	140.85	134.32	116.76	108.04	96.94	107.41	105.08	103.76
门头沟	35.65	36.94	39.08	41.69	44.10	47.39	51.14	45.57	45.70	46.99	41.30	40.66	37.68	35.68	30.91	28.71	26.00	28.24	27.32	25.98
房山区	153.14	157.90	167.54	181.24	191.00	198.96	206.74	184.24	184.82	188.60	166.59	163.21	150.80	145.24	124.97	115.56	104.49	118.78	115.60	109.76
通州区	255.64	273.75	296.04	328.30	355.23	395.52	442.92	410.50	412.65	427.72	387.47	388.88	362.52	337.47	286.28	255.34	228.15	181.45	180.37	176.35
顺义区	172.02	176.99	188.78	205.48	220.89	234.21	251.93	227.52	229.87	240.32	212.00	208.17	192.48	191.26	173.29	169.89	158.63	122.67	122.07	120.63
昌平区	170.91	178.32	190.33	205.26	217.24	226.12	236.06	210.45	211.16	217.12	190.90	187.89	173.62	166.39	146.03	138.36	127.96	114.89	114.36	114.98
大兴区	138.10	146.05	157.10	176.31	186.84	206.80	219.15	195.56	196.14	201.75	177.51	173.66	160.54	159.37	140.33	139.81	131.69	99.76	97.02	92.87
怀柔区	60.18	61.57	65.60	71.42	75.13	78.49	83.88	75.08	75.30	77.37	68.44	66.92	61.86	58.55	50.45	45.51	41.86	41.25	41.18	40.62
平谷区	60.01	63.47	68.54	74.95	79.17	82.29	86.68	81.31	82.52	85.43	75.22	73.55	67.96	64.87	56.97	53.76	49.94	42.27	41.23	39.93
密云区	73.61	77.38	83.10	89.26	93.95	97.29	102.20	91.85	92.29	94.42	83.18	82.33	76.35	72.86	62.88	57.27	52.40	50.38	49.16	47.44
延庆区	56.12	58.16	61.62	66.46	70.13	72.97	75.97	67.86	68.06	69.98	61.56	60.27	55.69	52.62	45.53	41.12	37.20	33.48	33.94	34.89
总计	1773.04	1840.32	1963.59	2131.12	2262.00	2395.72	2540.32	2288.35	2300.57	2368.96	2097.25	2064.62	1911.60	1823.04	1579.80	1465.38	1334.70	1287.63	1265.36	1232.00

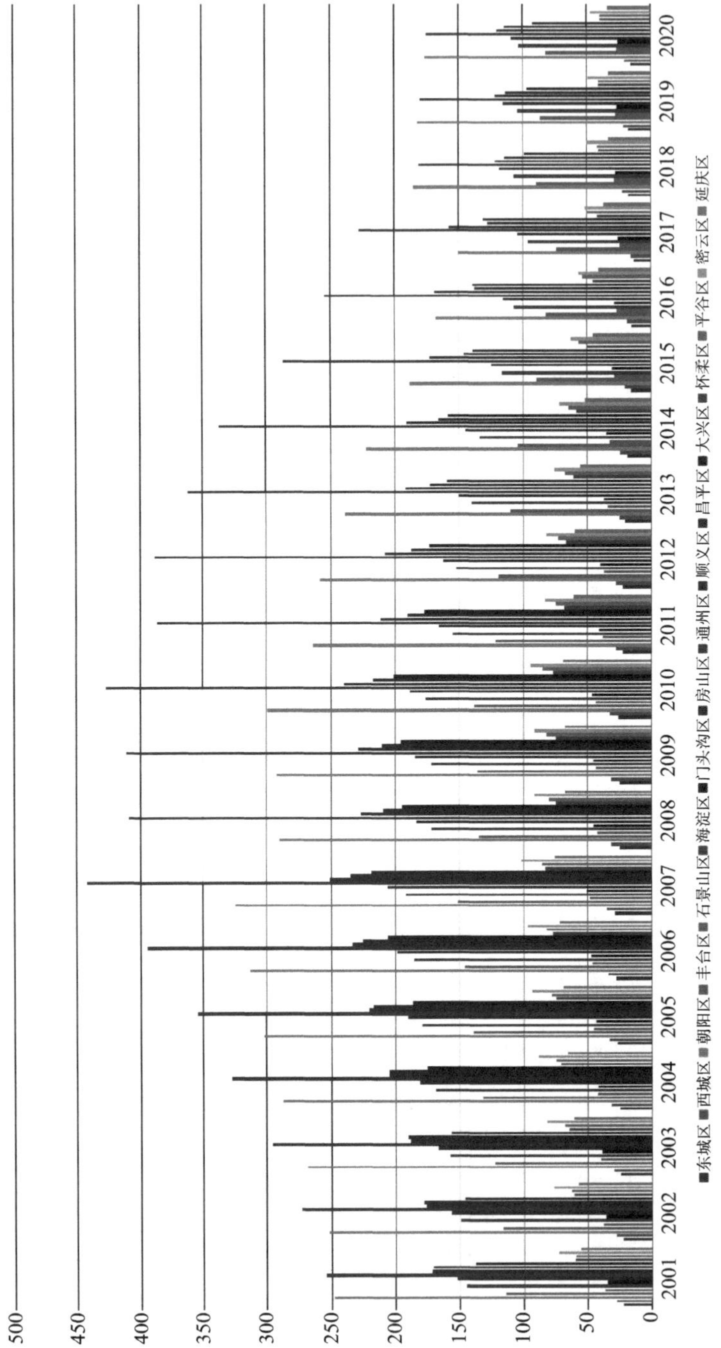

图 3-2　2001—2020 年北京市各区净碳排放示意图（单位：万吨）

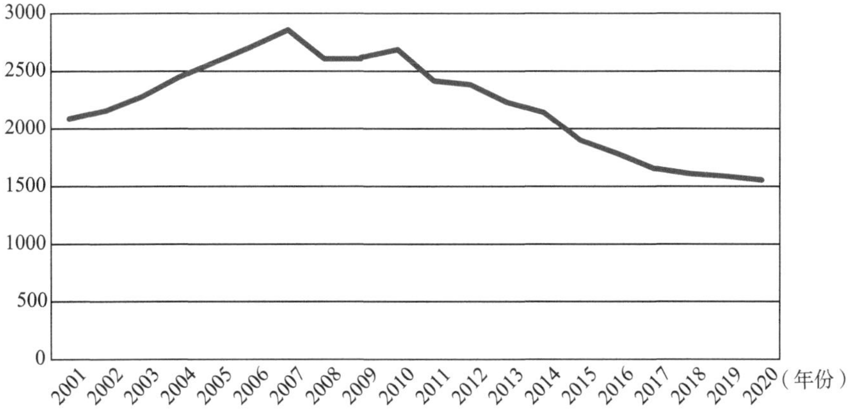

图 3–3　2001—2020 年北京市碳排放量变化趋势图（单位：万吨）

（二）碳吸收总量

依据 2001—2020 年北京碳吸收总量核算结果可知，北京碳吸收总量变化趋势呈现缓步增长的态势，由 2001 年的 315.70 万吨增长到 2020 年的 322.34 万吨，在 2001—2020 年的近 20 年间，年均增长量仅为 0.332 万吨（见图 3–4）。从碳吸收结构看，林地和灌木是碳吸收的主要来源，二者占碳吸收总量的 70% 以上，且占比呈现增加的趋势，主要是由于林地面积增加，林地的碳吸收量缓步增长；其他碳吸收源主要来自耕地、草地、湿地、水域和未利用地等，占比约 30%，其中耕地呈现缓慢下降的趋势，其

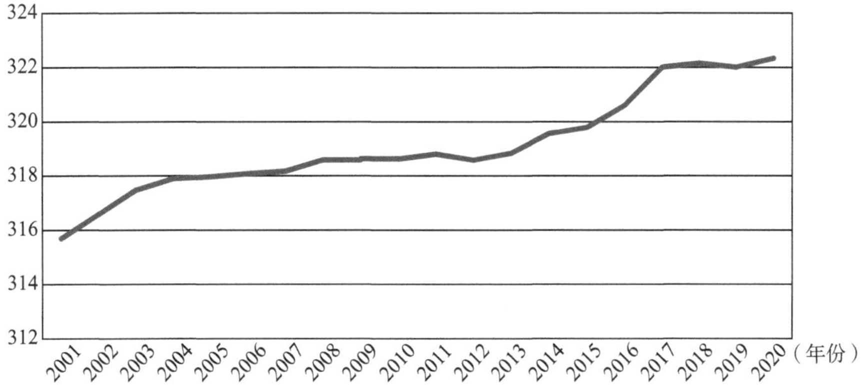

图 3–4　北京市碳吸收量变化趋势（单位：万吨）

他土地利用类型的碳吸收量则相对稳定。

（三）碳收支状况分析

依据 2001—2020 年北京净碳收支核算结果可知，净碳收支变化趋势呈现出和碳排放相似的发展态势。因北京市每年的碳排放量是碳吸收量的 5~7 倍，比重较大，净碳收支发展趋势也分两个阶段，第一阶段由 2001 年的 1773.04 万吨增长到 2007 年的 2540.32 万吨，第二阶段表现为下降趋势，降至 2020 年的 1232.00 万吨，在 2001—2020 年的 20 年间，净碳收支呈现先增长后下降的趋势（见图 3–5）。表明北京市在 2007—2010 年已基本实现碳达峰。

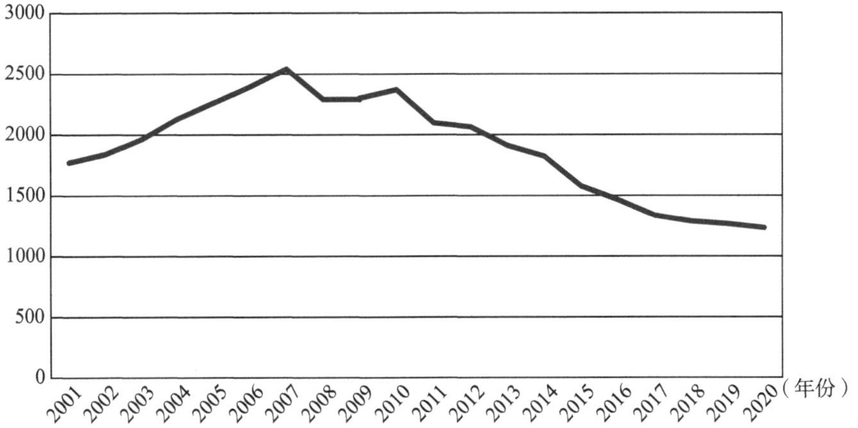

图 3–5　北京市净碳收支变化趋势（单位：万吨）

二、碳收支空间差异分析

由图 3–6 可知，北京市各区的碳排放收支变化趋势与全市的变化趋势相似，均为先增长，然后在 2007—2010 年达到高位后缓慢下降。

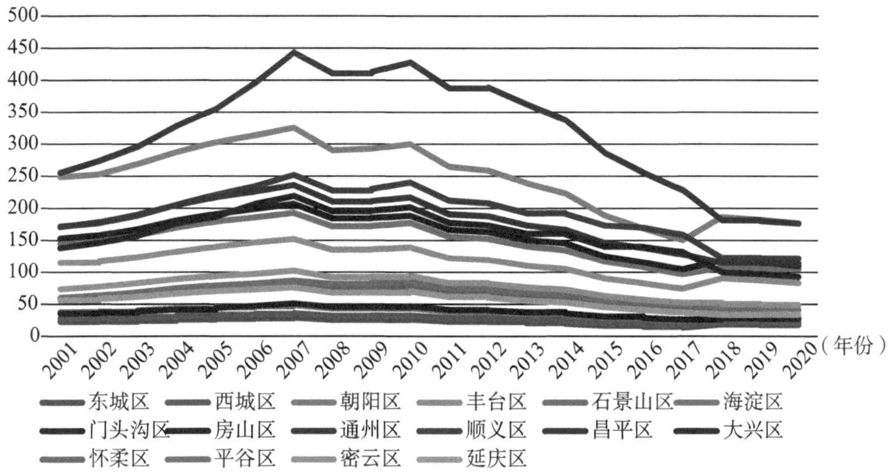

图 3-6　2001—2020 年北京市各区碳排放收支变化趋势（单位：万吨）

根据北京市各区净碳排放的空间差异，以及净碳收支的占比，可将其划分为四个等级，即重度碳排放（占比 >10%）、中度碳排放（占比 8%~10%）、轻度碳排放（占比 5%~7%）和微度碳排放（占比 <5%）。由表 3-4 可知，朝阳区和通州区净碳排放量占比超过 14% 以上，为重度碳排放区；顺义区、昌平区、房山区和海淀区净碳排放量占比在 8%~10%，为中度碳排放区；大兴区和丰台区净碳排放量占比在 5%~7%，为轻度碳排放区；密云区、延庆区、怀柔区、平谷区、门头沟区、石景山区、西城区和东城区等净碳排放量占比在 5% 以下，为微度碳排放区（见图 3-7）。

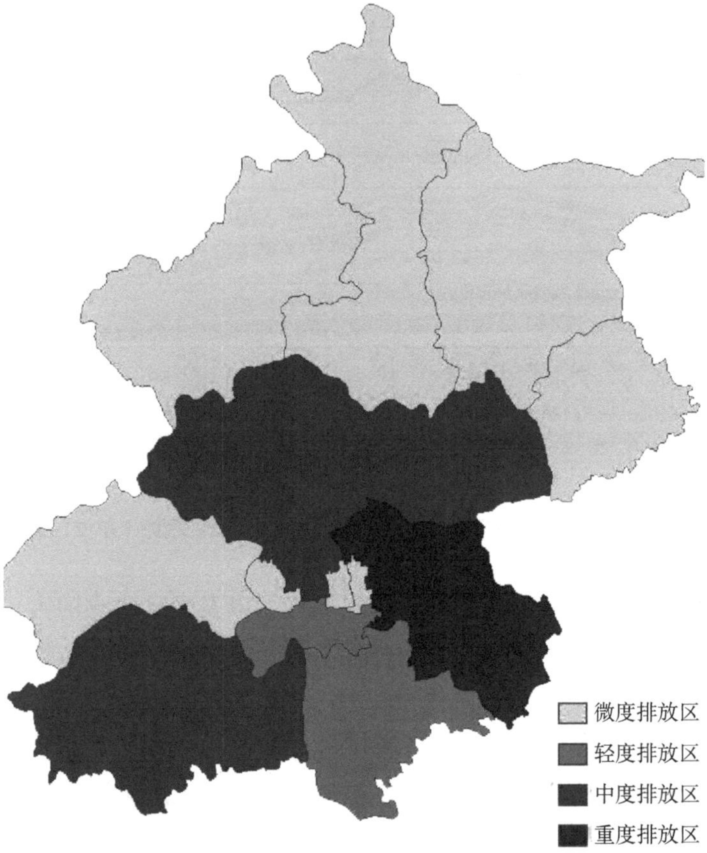

图 3-7　2020 年北京市各区地均碳排放强度①（单位：t/km²）

三、净碳排放强度分析

虽然北京市整体碳排放强度较低，但不同区域之间存在差异。选取地均碳排放强度、人均碳排放强度和单位 GDP 碳排放强度三个指标分析北京市各区的净碳排放强度。由表 3-5 可知，2020 年北京市地均碳排放强度、人均碳排放强度和单位 GDP 碳排放强度分别为 750.76 吨 / 平方千米、5640.26 吨 / 万人和 0.0281 吨 / 万元。从各区比较来看，地均碳排放强度最高为西城区的 4076.30 吨 / 平方千米，最低为延庆区的 175.48 吨 / 平方千

① 北京市地图取自自然资源部地图技术审查中心网站，网址 http://bzdt.ch.mnr.gpv,cn/。

米，得益于该区作为北京市的生态涵养区，有较低的工业活动和较高的植被覆盖率；人均碳排放强度最高为延庆区的 10084.94 吨 / 万人，最低为西城区的 1866.83 吨 / 万人；单位 GDP 碳排放强度最高为延庆区的 0.1511 吨 / 万元，最低为西城区的 0.0036 吨 / 万元。

表 3–5　2020 年北京市各区净碳排放强度计算表

行政区划	地均碳排放强度（t/km^2）	人均碳排放强度（吨 / 万人）	单位 GDP 碳排放强度（吨 / 万元）
东城区	3971.39	2340.20	0.0049
西城区	4076.30	1866.83	0.0036
朝阳区	3769.76	5131.64	0.0224
丰台区	2739.09	4127.15	0.0403
石景山区	3226.21	4873.52	0.0276
海淀区	2414.11	3321.41	0.0102
门头沟区	179.53	6560.27	0.0945
房山区	545.15	8372.39	0.1275
通州区	1951.88	9568.78	0.1407
顺义区	1184.71	9103.87	0.0582
昌平区	857.87	5065.19	0.0884
大兴区	898.89	4664.44	0.0269
怀柔区	191.85	9252.27	0.0899
平谷区	422.29	8738.06	0.0976
密云区	213.41	9001.50	0.1310
延庆区	175.48	10084.94	0.1511
全市	750.76	5640.26	0.0281

由图 3–8 可知，各区的地均碳排放强度充分体现了中心城区与外围区域的差异。除门头沟区、房山区、怀柔区、平谷区、密云区和延庆区外，其他区的地均碳排放强度均高于全市平均水平，其中城市核心区（西城区、东城区、朝阳区、海淀区、石景山区、丰台区、海淀区、通州区）远高于全市平均水平，表明北京市中心城区仍然是碳排放最密集、强度最大的区域，主要原因是中心城区的高人口密度和高经济活动水平，建筑密度

高，商业和居住功能混合，导致能源消耗和交通碳排放量较大，碳排放强度相应也较大。

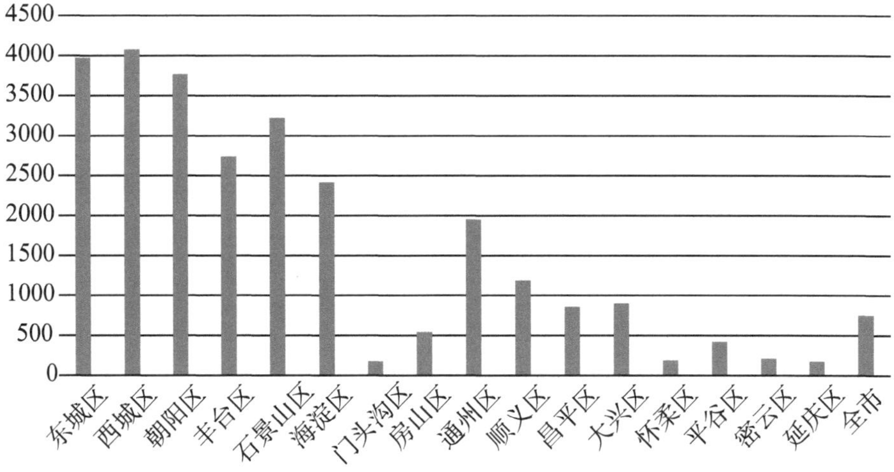

图 3-8　2020 年北京市各区地均碳排放强度（吨 / 平方千米）

由图 3-9 可知，延庆区、通州区、怀柔区、顺义区、密云区、平谷区、房山区和门头沟区的人均碳排放强度高于全市平均水平，其他区的人均碳排放强度则低于全市平均水平。

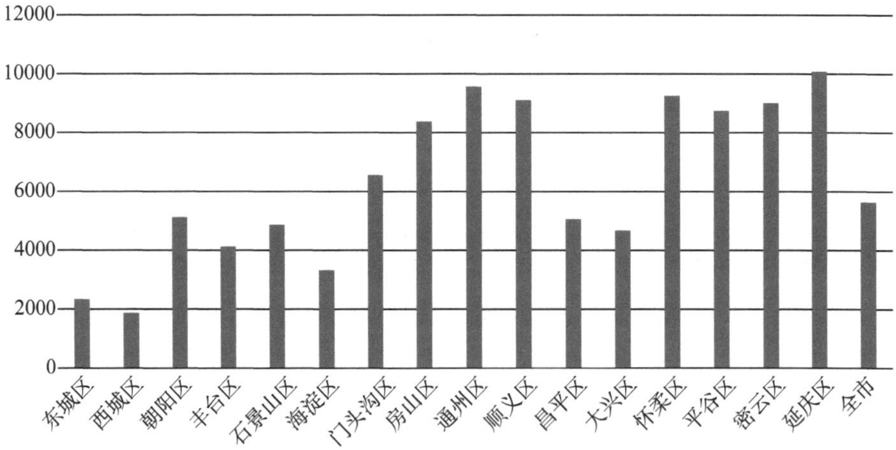

图 3-9　2020 年北京市各区人均碳排放强度（吨 / 万人）

由图 3–10 可知，北京各区的单位 GDP 碳排放强度和人均碳排放强度有相似的趋势。其中延庆区、通州区、密云区和房山区的单位 GDP 碳排放强度远高于全市平均水平，平谷区、门头沟区、怀柔区、昌平区、顺义区和丰台区等明显高于全市平均水平，其他区则低于全市平均水平。

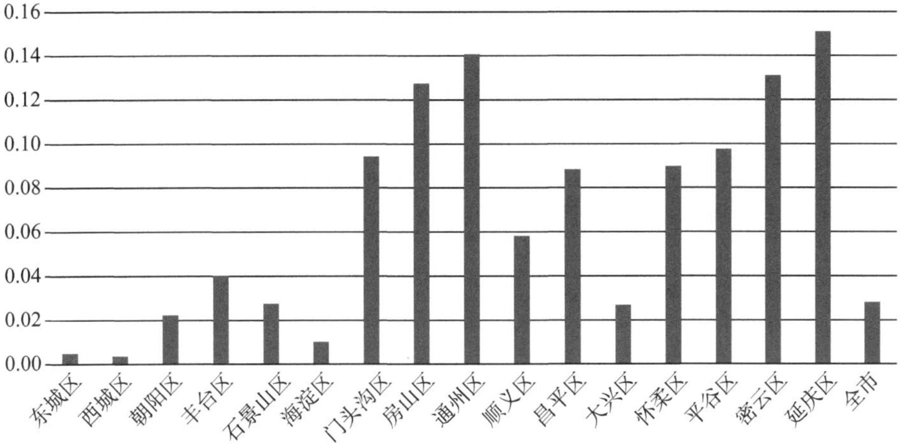

图 3–10　2020 年北京市各区单位 GDP 碳排放强度（吨 / 万元）

四、碳收支效应分析

以土地利用碳排放核算体系为研究依据，利用北京市统计年鉴数据，计算出 2001—2020 年北京市碳吸收 ESC 和碳排放 ECC，分析北京市碳排放效应，掌握北京市土地利用碳排放的基本情况，为土地利用碳排放效率的实证研究奠定基础。

ESC 反映了北京市在碳吸收和碳排放方面的平衡状态，是衡量其生态碳汇能力的重要指标。由表 3–6 和图 3–11 可知，2001—2020 年，北京市 ESC 呈现出缓慢上升的态势，从 0.11 上升到 0.35，平均水平为 0.24。这表明北京市碳吸收能力得到了增强，生态承载有增长潜力，但总量有限。从碳储量变化来看，依托于生态城市建设规划要求，北京市通过明确划定禁止建设地区、大力推进国土绿化高质量发展，提升了生态系统碳汇增量。

表 3-6　2001—2020 年北京市 ESC 和 ECC

年　份	ESC	ECC	年　份	ESC	ECC
2001	0.11	1.74	2011	0.27	4.05
2002	0.11	1.87	2012	0.28	4.37
2003	0.11	2.08	2013	0.28	4.78
2004	0.14	2.29	2014	0.29	4.89
2005	0.15	2.48	2015	0.31	5.40
2006	0.16	2.61	2016	0.32	5.74
2007	0.16	2.69	2017	0.34	6.27
2008	0.19	3.01	2018	0.34	6.51
2009	0.22	3.27	2019	0.35	6.73
2010	0.22	3.39	2020	0.35	6.81
			平均值	0.24	4.05

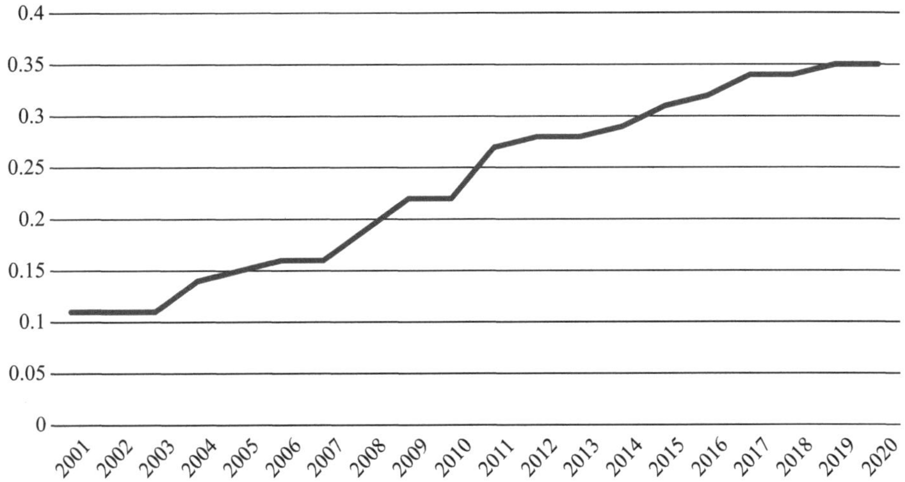

图 3-11　2001—2020 年北京市 ESC 变化趋势

ECC 是衡量碳排放与经济增长之间关系的一个指标，它反映了经济增长对碳排放的依赖程度。北京市的碳排放总量与经济发展密切相关，经济发展是导致碳排放量增加的主要因素。由表 3-6 和图 3-12 可知，2001—2020 年，北京市 ECC 呈现出与 ESC 相同的缓慢上升态势，从 1.74 增长到 6.81，平均水平为 4.05。这表明北京市通过优化产业结构和提高能源利用效率等减少碳排放的措施，成功地减少了能源强度和碳排放，在一定程度上实现了经济增长与碳排放的脱钩。

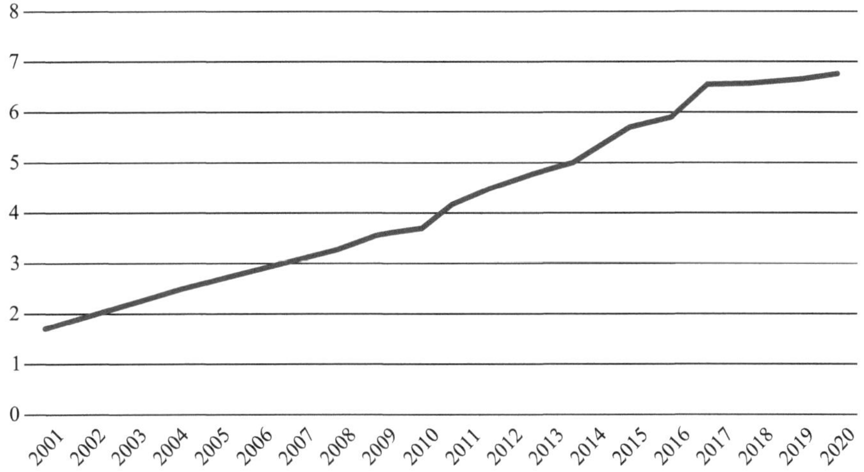

图 3-12 2001—2020 年北京市 ECC 变化趋势图

北京市的 ESC 在空间上表现出明显的异质性，由表 3-7 和图 3-13 可知，ESC 在北京市各区表现为周围地区高而中心地区低的空间分布格局，这与延庆、怀柔、密云、平谷、门头沟等周围地区的森林覆盖率较高有关，这些地区的碳吸收能力较强。ESC 受多种因素的影响，包括城市化程度、能源消耗模式、自然生态系统的碳吸收能力以及区域间的空间分布差异。尽管面临挑战，但通过持续的政策支持和生态建设，北京市有望进一步提高其碳吸收能力和生态承载力。

表 3-7 2020 年北京市各区 ESC 和 ECC

行政区划	ESC	ECC
东城区	0.19	5.77
西城区	0.18	7.78
朝阳区	0.20	1.26
丰台区	0.27	0.70
石景山区	0.23	1.02
海淀区	0.31	2.77

续表

行政区划	ESC	ECC
门头沟区	4.18	0.30
房山区	1.38	0.22
通州区	0.38	0.20
顺义区	0.63	0.48
昌平区	0.88	0.32
大兴区	0.84	1.05
怀柔区	3.91	0.31
平谷区	1.78	0.29
密云区	3.52	0.21
延庆区	4.28	0.19

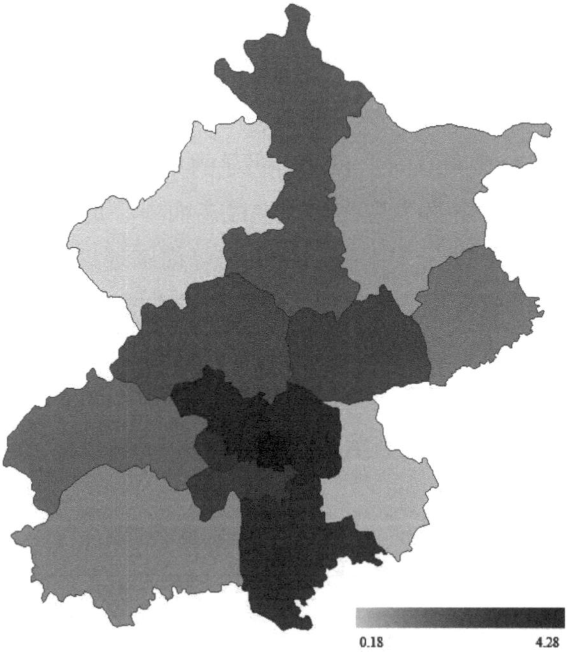

图 3-13　2020 年北京市各区 ESC 空间分布格局①

北京市的 ECC 在空间上同样表现出明显的异质性，由表 3-7 和图 3-14

① 北京市地理地图取自自然资源部地图技术审查中心网站，网址 http://bzdt.ch.mnr.gov.cn/。

可知，ECC 与 ESC 表现出相反的态势，以城中心区向周围地区降低，系数呈逐年增加的趋势，反映了北京作为首都的经济活动对周边地区碳排放的影响，且经济增长与碳排放密切相关。经济增长是碳排放增加的主要驱动力，需要通过政策调整和技术创新，才能实现经济增长与低碳发展的平衡。

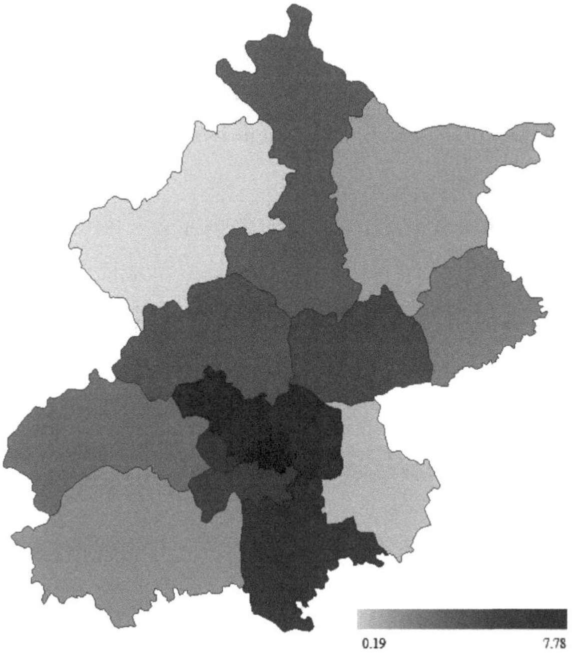

图 3-14　2020 年北京市各区 ECC 空间分布格局[①]

通过综合分析，北京市土地利用碳排放效率的影响因素包括土地利用结构转换、农业用地碳储量变化、土地利用与碳平衡的关系、土地资源禀赋及碳汇量，以及土地利用变化对碳排放的影响等多个方面。通过优化土地利用结构、加强植被保护、合理控制建设用地扩张等措施，可以有效提高北京市的土地利用碳排放效率。

第一，土地利用结构转换对碳排放效率有显著影响。耕地向建设用地的转换导致碳排放增加，而草地向林地和耕地的转换则促进了碳汇的增加。此外，建设用地的增加是碳源增加的决定性因素。

① 北京市地理地图取自自然资源部地图技术审查中心网站，网址 http://bzdt.ch.mnr.gov.cn/。

第二，农业用地碳储量变化对碳排放效率也有重要影响。2001—2020年，北京市农业用地碳储量增加，其中植被碳储量的增加对抵消碳排放起到了积极作用。

第三，土地利用与碳平衡之间存在密切联系。碳排放主要来源于建设用地，而碳吸收主要来源于耕地、林地、草地和城市绿地。通过优化土地利用结构，可以有效提高碳吸收量，减少净碳排放量。

第四，土地资源禀赋及碳汇量分析显示，北京市具有一定的碳汇能力，但碳排放总量仍然较高。加强植被保护和增加土壤碳吸收量是提高碳排放效率的重要措施。

第五，土地利用变化对碳排放的影响显著。农业用地向非农业用地的转换会增加碳排放量，而农田转换为森林或草地能够增加土壤和植被碳储量。合理的土地利用管理对于实现碳减排承诺和发展低碳经济具有重要意义。

五、碳排放差异与均衡度分析

作为中国的首都和经济文化中心，北京市的碳排放情况不仅关系到自身的可持续发展，也对全国乃至全球的碳排放格局产生重要影响。基尼系数作为衡量碳排放强度不均衡程度的重要指标，对于分析北京市碳排放的分布特征具有重要意义。基尼系数被广泛应用于评估各种资源或环境指标的分布不均衡性。在碳排放领域，基尼系数可以反映一个地区内部或不同地区之间碳排放强度的差异程度。基尼系数的值介于0和1之间，值越大表示不均衡程度越高，反之则表示不均衡程度越低。

北京市碳排放基尼系数自2001年以来呈现先上升后下降的趋势，这种变化反映了经济增长和能源使用效率提升之间的复杂关系。北京市的碳排放基尼系数在2009年达到了0.44，这表明碳排放资源的人际分配不均现象比较严重。具体而言，北京市各区碳排放强度的基尼系数在一段时间内呈现波动下降的趋势，但随后又出现波动上升。这种变化与北京市产业结构调整、能源消费模式变化以及环境保护政策的实施等多种因素有关。这表明虽然阶段性的碳排放总量增加，但单位GDP的碳排放量却在减少，反映出北京市在提高能源利用效率和调整产业结构方面取得了一定的成效。从碳排放结构来看，北京市的碳排放主要来源于能源消费，其中能源强度和产业结构是影响碳排放强度下降的主要因素。此外，北京市还实施了一系列减排措施，如提高车辆排放标准和控制煤炭使用等，这些措施有效地抑制了碳排放的增长。

与全国其他地区相比，北京市的碳排放基尼系数处于相对较高水平。这可能与北京市作为大都市的特殊性有关，其经济活动集中、人口密度大、能源消耗量大，导致碳排放强度的分布不均衡。同时，北京市内部不同区域之间的发展水平、产业结构、能源利用效率等差异也可能导致碳排放强度的不均衡。

从产业结构的角度来看，北京市的碳排放基尼系数受到不同产业碳排放强度的影响。例如，工业、交通运输等高能耗、高排放的产业可能对基尼系数的贡献较大，而农业、服务业等相对低碳排放的产业则可能对基尼系数的降低起到积极作用。因此，优化产业结构、降低高能耗、高排放产业的比重，是降低北京市碳排放基尼系数的重要途径。

此外，能源消费模式和环境保护政策的实施也对北京市碳排放基尼系数产生影响。提高能源利用效率、推广清洁能源、加强碳排放监管等措施，有助于降低碳排放强度，从而缩小不同区域或产业之间的碳排放差异。

未来，北京市应继续优化产业结构、提高能源利用效率、推广清洁能源和加强碳排放监管，以降低碳排放强度，缩小不同区域或产业之间的碳排放差异。

从全国范围看，北京市的工业绿色贡献率远高于全国平均水平，表明其能源经济效率较高。然而，中国城市之间碳排放的外部性差异较大，北京市作为经济发达城市，其碳排放与经济发展水平已经实现了脱钩。今后，仍需继续优化产业结构和能源结构，以进一步降低碳排放总量和强度。通过实施差异化碳减排策略和加强碳市场建设，北京市有望在未来实现更加均衡和可持续的低碳发展。

六、碳排放经济贡献和土地利用强度耦合性分析

北京市的碳排放经济贡献和土地利用强度耦合协调度是一个复杂的系统问题，涉及经济、环境和土地利用等多个方面的相互作用。北京市的碳

排放主要来源于建设用地，而碳吸收则主要来自耕地、林地和草地。随着城市化的加速，建设用地面积增加，导致耕地和林地面积减少，这不仅影响了土地的生态功能，也增加了碳排放。北京市的经济高质量发展与土地利用强度之间存在一定的耦合关系，经济的发展推动了土地利用强度的增加，但同时也需要考虑土地利用的集约性和环保性。通过优化土地利用结构，可以有效减少碳排放，提高土地利用的碳汇能力。

从土地利用角度来看，北京市土地利用强度具有一定的区域分异特征。例如，城市扩展区土地利用开发速度相对较快，而核心功能区土地利用开发则相对较慢。此外，北京市在土地利用规划中强调了对首都功能核心区的特殊管控，以维持土地利用的适当强度。

北京市在土地绿色利用与经济增长方面虽然取得了一定的成效，但仍需要进一步优化产业结构和加强国土空间规划，加强植被保护，增加土壤的碳吸收量；减少碳排放，促进新能源的利用；提高可再生能源的使用比重，推动经济与环境的协调发展。此外，通过实施土地利用结构优化模型，可以在保证经济发展的同时，实现碳排放的减少和土地资源的可持续利用。

综合来看，北京市在碳排放经济贡献和土地利用强度的耦合协调度方面已经取得了一定的进展，但仍存在较大的提升空间。未来需要继续推动产业结构优化、能源清洁转型以及加强土地利用规划，以实现更高的耦合协调度和可持续发展目标。

第四章

北京市土地利用碳排放效率分析及碳减排潜力

第一节　土地利用碳排放效率的影响因素分析

一、LMDI 对数分解法

脱钩发展理论是在研究经济和能源之间的增长关系时所得出的一种理论。在国家发展初期，能源消耗量会随着经济增长量的增长而增长，但是经济增长量的增长速度要快于能源消耗量的增长速度；随着时间推移，前者增速逐渐放缓，而后者增速逐渐提升；最后则形成了随着经济快速增长，能源消耗反而有所降低的发展态势，两者之间的关系形成了一个倒U形曲线，这就是描述经济和能源关系的脱钩发展理论。资源节约型社会的发展，是以减少能源消耗的形式来发展社会经济，与之相呼应的就是环境友好型社会。环境友好型社会是指在发展经济的同时，注重与环境之间的关系，将自然生态的维护作为发展社会的前提，这也就是所谓的“两型社会”，它强调经济发展与维护环境同时进行，而这也是低碳经济的目标。发展低碳经济，就是在经济的发展中降低能源消耗，以最小的能源换取最大的经济增长。

LMDI 模型是一种脱钩理论的分析方法，可用于分解能源消耗、碳排放和其他经济指标，是低碳经济领域研究能源消耗影响因素的主要方法之一，其核心思想是将总变化量分解为多个驱动因素的贡献，从而揭示不同因素对总体变化的影响。该方法以其可操作性强、全分解、无残差以及结果唯一等特点，被广泛应用于能源消费及碳排放问题的研究中。在碳排放研究中，LMDI 被用来分析经济增长、能源结构、人口规模等因素对碳排放的影响。

为了分析不同因素对土地利用碳排放的影响程度，本书根据 Kaya 方程，通过引入土地利用因子，从能源消费结构、土地产出强度、用地结构、经济增长及人口规模效应五个方面建立了区域碳排放影响因子计算公式，具体表达式如下：

$$C = \sum \frac{C_i}{L_i} \times \frac{L_i}{L} \times \frac{L}{G} \times \frac{G}{P} \times P \tag{4-1}$$

式（4–1）中，C 为土地利用碳排放总量；C_i 为各类土地利用碳排放量，L_i 为各土地利用类型的面积，L 为土地利用总面积，G 为国内生产总值，P 为区域人口总量。令：

$$f_i = \frac{C_i}{L_i}; s_i = \frac{L_i}{L}; q = \frac{L}{G}; g = \frac{G}{P} \tag{4-2}$$

则区域碳排放总量可表示为若干因素的乘积，具体如下：

$$C = \sum f_i \times s_i \times q \times g \times P \tag{4-3}$$

式（4–2）和式（4–3）中，f_i、s_i、q、g 和 P 分别代表土地利用碳排放强度、土地利用结构效应、单位 GDP 土地利用面积、经济发展因子和人口因子。根据上述公式，各因子的贡献值和贡献率可用 LMDI 模型进行分析，假设基期碳排放量为 C^0，T 期的碳排放量为 C^T，则研究期间（0~T）的碳排放量变化可表示为：

$$\triangle C = C^T - C^0 = \sum_{i=1,2...5} f_i^T \times s_i^T \times q^T \times g^T \times p^T - \sum_{i=1,2...5} f_i^0 \times s_i^0 \times q^0 \times g^0 \times p^0$$

$$= \triangle G_{f_i} + \triangle G_{s_i} + \triangle G_q + \triangle G_g + \triangle G_p + \triangle G_{rsd} \tag{4-4}$$

$$D = \frac{C^T}{C^0} D_f D_s D_q D_g D_p D_{rsd} \tag{4-5}$$

式（4–4）和式（4–5）中，ΔC_{f_i}、ΔC_{s_i}、ΔC_q、ΔC_g 和 ΔC_P 分别为各因子的贡献值（f_i、s_i、q、g、P），ΔC_{rsd} 为分解残差，D_f、D_s、D_q、D_g 和 D_p 分别为各因子的贡献率（f_i、s_i、q、g、P）。根据 LMDI 分解法，在加法分解模式下有：

$$\triangle C_{f_i} = \sum_i \frac{C_i^T - C_i^0}{\ln C_i^T - \ln C_I^T} \times \ln \frac{f_i^T}{f_0^T} \tag{4-6}$$

$$\triangle C_{s_i} = \sum_i \frac{C_i^T - C_i^0}{\ln C_i^T - \ln C_0^T} \times \ln \frac{s_i^T}{s_0^T} \tag{4-7}$$

$$\triangle C_q = \sum_i \frac{C_i^T - C_i^0}{\ln C_i^T - \ln C_i^0} \times \ln \frac{q^T}{q^0} \tag{4-8}$$

$$\triangle C_g = \sum_i \frac{C_i^T - C_i^0}{\ln C_i^T - \ln C_i^o} \times \ln \frac{g^T}{g^0} \tag{4-9}$$

$$\triangle C_p = \sum_i \frac{C_i^T - C_i^0}{\ln C_i^T - \ln C_i^0} \times \ln \frac{p^T}{p^0} \tag{4-10}$$

在乘法分解模式下，则有：

$$D_f = \exp(W\triangle C_{f_i});D_s = \exp(W\triangle C_{s_i});D_q = \exp(W\triangle C_q);D_g = \exp(W\triangle C_g);$$

$$D_p = \exp(W\triangle C_p);D_{rsd} = 1;W = \frac{\ln D}{\triangle C} \tag{4-11}$$

若得到的贡献值> 0，则说明该因素对碳排放具有拉动作用，反之则说明该因素对研究时段内的碳排放具有抑制作用。

二、计算结果

根据历年《中国能源统计年鉴》和《北京统计年鉴》等统计资料，结合前述计算获得的历年北京市碳排放数据，利用 LMDI 对数分解法，从能源消费结构、用地结构、土地产出强度、经济增长及人口规模效应五个角度分析各影响因子对碳排放变化的贡献值和贡献率，从而对北京市 2001—2020 年土地利用碳排放影响因子的阶段性特征进行考察。表 4-1 为通过 LMDI 模型分解得到的五个因子对碳排放变化的贡献值。

由表 4-1 可知，若某一影响因素对碳排放变化具有正效应，则该影响因子所对应的值即为正值，其对碳排放具有拉动作用；反之，若该因素对碳排放变化具有负效应，其对应的值则为负值，相应的对碳排放也具有抑制作用。基于此，本节分别从各影响因子对碳排放的变化趋势、影响程度以及碳排放总量的阶段性影响等方面进行具体分析。

表 4-1　2001—2020 年北京市净碳排放量因素分解

单位：10^4 吨

年　份	能源消费结构	用地结构	土地产出强度	经济增长	人口规模	总效应
2001—2005	-299.61	-34.67	-319.19	452.53	150.21	-50.73
2006—2010	0.59	-48.19	-301.65	441.70	411.6	504.05
2011—2015	136.53	4.27	-327.84	443.42	887.23	1143.61
2016—2020	-51.99	35.1	-258	590.87	1028.18	1344.16
2001—2020	-214.48	-43.49	-1206.68	1928.52	2477.22	2941.09
贡献率	-7.29%	-1.48%	-41.03%	65.57%	84.23%	100%

由表 4–1 分析可知，五类碳排放驱动因素中，经济增长和人口规模两个因素对净碳排放量的增加具有正效应，而能源消费结构、土地产出强度、用地结构三个因素对碳排放有负向的驱动作用。从各分解因素对碳排放的贡献率可以看出，人口规模效应对碳排放量的增加贡献最大，达到了 84.23%，而对碳排放负向驱动作用最大的是土地产出强度效应，其贡献率为 –41.03%。

总之，北京市能源强度效应对减少 CO_2 排放的作用明显，土地产出强度效应仍需改善，需要继续加快传统工业转型升级，加快新能源和节能环保新技术的推广应用；经济增长与人口规模效应是影响北京地区碳排放增长的主要拉动因素，经济的快速发展和人口增长是能源消费增长的主要原因。

三、对碳排放效率的影响因素分析

北京市土地利用碳排放效率的影响因素包括经济因素、社会因素和自然因素等。通过优化土地利用结构、加强植被保护、合理控制建设用地扩张等措施，可以有效提高北京市的土地利用碳排放效率。

（一）经济因素

经济发展水平是影响土地利用碳排放效率的重要因素之一。经济因素通过影响能源消耗、产业结构、城市化进程等多个方面，对土地利用碳排放效率产生了显著影响。随着北京市经济的快速发展，特别是第三产业的比重增加，北京市的能源消耗和碳排放量也随之增加。例如，2001—2007 年，北京市的 CO_2 排放量显著增加，这与该时期 GDP 的增长密切相关。城市化进程对土地利用碳排放效率也有显著影响。城市化加速了土地开发利用，导致耕地非农化现象严重，从而减少了碳汇能力。例如，农业生产空间转向生活空间导致碳储量损失显著。同时，城市密度和土地利用类型变化也会影响碳排放间接效应。

为了进一步提高碳排放效率，北京市需要继续优化能源结构，加强低碳发展政策的实施，并合理规划土地利用以减少碳排放。产业结构调整和能源消费结构的优化被认为是减少碳排放的重要手段。北京市通过优化能源结构，减少煤炭使用比例，增加天然气等清洁能源的使用，有效降低了碳排放。此外，北京市在低碳发展方面也采取了一系列措施，如推动能耗双控向碳排放总量和强度双控转变、加强土地资源节约集约利用等。这些措施都是通过精准预测碳排放、降低地区 / 行业 / 企业等各层次碳减排量和提高土地利用碳排放效率等来实现“双碳”目标。

（二）社会因素

社会经济发展是影响土地利用和碳排放的重要因素之一。社会因素通过影响土地利用类型、人口结构以及政策制度等，对土地利用碳排放效率产生复杂而多样的影响。这些因素共同作用，决定了北京市在实现“双碳”目标过程中的土地利用策略和碳减排路径。

随着北京市社会经济快速发展和城市化进程加快，耕地被非农化占用的现象越来越突出，如农业生产空间转向生活空间，进而导致碳储量减少。此外，城市化进程中土地利用类型的变化也显著影响了碳排放，例如居住用地、工矿用地和交通用地等的扩张。

人口结构变动对碳排放有显著影响。北京市的常住人口中外来务工人员比例较大，并随着经济波动而变化，这在一定程度上影响了碳排放。此外，家庭收入水平、人口规模、住房特征等因素也会显著影响家庭的能源消耗和碳排放量。

政策制度和社会结构也是影响土地利用碳排放的重要因素。2000 年以来，北京市坚持造林计划，但人为诱导下的碳损失仍大于碳汇潜力的改善，因此需要优先保护并扩大现有林地生态空间规模，提升农业生产空间固碳减排能力。同时，优化土地利用结构及其空间布局以降低碳排放，也是宏观层面上低碳土地利用管理的重要方向。

（三）自然因素

自然生态系统在碳吸收方面起着重要作用。自然因素通过影响土地利用类型、生态系统服务以及人类活动等方面，对土地利用碳排放效率产生了显著影响。土地利用尤其是自然生态系统（包括陆地和海洋）能吸收全球约 200 亿吨碳，占总碳吸收的 50%，其中森林植被区的碳储量几乎占到了陆地碳库总量的一半（罗上华等，2012）。这表明自然生态系统在碳汇方面具有显著作用，因此其变化对碳排放效率有直接影响。

北京市的农业生产空间向林地和草地生态空间的转变产生了正的碳储量效应，而生活空间对农业生产空间的占用则导致了负的碳储量效应。这种转变反映了自然因素对土地利用碳排放效率的影响，即自然生态系统的改变能够影响碳储量和碳排放。

此外，北京城市化进程中建设用地的增加也显著提高了碳排放水平，这说明在人类活动与自然因素的共同作用下，土地利用类型的变化对碳排放有直接影响。同时，农业生产空间转向生活空间导致的耕地非农化行为也会减少碳储量，这会对碳排放效率产生负面影响。这种现象表明，自然因素如土地利用类型的变化直接影响着区域的碳效应。只有合理优化土地利用计划，保护和恢复自然生态系统，才可以有效提高碳排放效率，促进区域绿色发展。

四、对碳减排的影响因素分析

北京市土地利用碳减排的影响因素可以从多个角度进行分析，包括能源强度效应、经济结构效应、规模效应和人口经济活动强度效应等。

（一）能源强度效应

能源强度是创造单位 GDP 所消耗的能源，能耗强度越低，说明消耗的能源越少，GDP 的质量就越高，这反映了经济对能源的依赖程度。能源强度效应是指能源强度变化对经济活动的影响。在碳减排的各项措施中，能源强度变化是其中一个重要方面，主要体现为居民的能源强度、交通运输能源消耗以及生产部门的能源强度变化。若居民消费对碳排放的贡献为正，当改变消费模式，推广更加绿色健康的消费，减少这一因素带来的碳排放，交通、建筑等方面是推行绿色消费的重点。

文化素质也是影响碳排放的一个重要因素。如果居民环保意识较强，会通过更多地关注环保问题和尽可能地减少碳排放等来保护环境，防止环境污染；如果居民缺乏这方面的意识，就不会关注碳排放对生活环境带来的负面影响，从而不会主动制止碳排放行为。

（二）经济结构效应

从理论上来说，调整经济结构及其对碳减排的影响，比较有效的途径是加大第三产业比重，并在一定范围内缩减工业发展。2023 年 7 月 26 日，生态环境部审议并原则通过的《中华人民共和国气候变化第四次国家信息通报》明确指出，要严格控制污染、浪费资源、遏制低水平重复建设，严格执行环保、安全、能耗、技术、质量标准，推动经济增长方式转变。同时，应不断优化产业结构，加大对循环经济的重视程度。随着中国经济发展，预计北京市工业高耗能产业比重将下降，第三产业比重将得到逐步提高，北京市经济结构将得到进一步优化。

工业化是我国经济发展的必然过程，城市化更是必然结果。通过发展第三产业，降低第二产业比重来实现碳减排，短时间内不可能完成。因此，北京市解决 CO_2 排放的控制问题注定将会是一个艰苦且长期的过程。

在研究煤炭、原油和天然气三类燃料的燃烧及碳排放时，所依据的是《2006 年 IPCC 国家温室气体清单指南》中的数据标准。在获取相等热能的情况下，煤炭排放的 CO_2 最高，其次是原油，天然气最少。煤炭要释放与天然气等值的热能，其排放的 CO_2 将是天然气的 1.73 倍。通过调查研究发现，如果通过更多地使用水电等清洁能源来缓解过度使用煤炭，则每减少 1% 的煤炭使用量就能够降低 1.14% 的碳排放；而如果用天然气代替煤炭，则碳排放的缩减比例为 0.46%，如果用原油代替煤炭，则碳排放的缩减比例为 0.28%。

所以，在保证使用能源产值不变的情况下，通过减少碳排放较高的煤炭的使用，对碳排放有一定的减缓效果，且煤炭使用量调减的比例越高，对碳排放的抑制作用就越强。

（三）规模效应

规模效应中的人口总量、家庭数量以及交通工具数量对碳减排具有一定程度的影响。相关调查结果显示，随着经济发展，能源需求量也在不断加大，GDP 每增长 1%，就需要多消耗 0.846% 的能源。北京的快速发展同样伴随着碳排放的增加。在碳排放因素中，经济是最主要的一个，其贡献率为 15.82%，远超其他因素，北京市的 CO_2 排放与自身的生存和发展密切相关。虽然北京市已经经历了较长时期的快速发展，但是在未来的几年内，工业仍然是发展经济的最主要手段，而且其增速仍然会以一定的比例增长，这势必会增加对能源的需求，进而增加碳排放。正是由于这种经济发展状态，可以预计，未来北京市的 CO_2 排放量仍将随着经济增长而持续增加。

城市化进程的推进也在一定程度上对碳减排产生影响。北京市的城镇人口不断增加，占总人口的比重也在不断扩大，相比于 1978 年 55% 的城市化率，北京市在 2016 年和 2025 年的城市化率分别达到了 86.5% 和 88.2%。根据联合国标准和城市化水平的划分依据（主要依据城市人口占总人口的比例），城市化水平可以分为初期、中期加速和后期成熟三个阶段，初期阶段的城市化水平在 30% 以下，以第一产业为主；中期加速阶段的城市化水平在 30%~70%，以第二产业为主；后期成熟阶段的城市化水平在 70% 以上，以第三产业为主。对应北京市当前 88.2% 的城市化率，其正处于城市化发展的后期成熟阶段，需要更多基础设施的支撑和更高的生活水平，而这些发展建设和生活水平的提升都依赖于能源的消耗，进而就会产生更大量的碳排放，这种城市化的发展轨迹，将会阻碍节能减排工作的落实。

（四）人口经济活动强度效应

人口经济活动强度势必会影响到碳排放强度。研究表明，人口规模的扩大是北京市碳排放增长的主要驱动因素之一，仅次于城市化指标（陈操操等，2014）。随着人口总量的持续增长，城市基础设施需求增加，消耗大量水泥、钢铁等基础原材料，从而刺激碳排放增长。此外，人口规模的扩大也直接导致了居民消费间接碳排放的增加（赵玉焕等，2018）。随着人均收入的提高，居民消费水平上升，尤其是高碳享受型产品的消费，导致碳排放增加。北京市人均收入对碳排放的弹性系数为 0.225，表明收入增长对碳排放具有显著的促进作用（陈操操等，2014）。可喜的是，随着收入水平的提高，碳排放的弹性系数增幅有所减缓，显示出居民消费向绿色和低碳方向转变的趋势。

第二节　土地利用碳排放效率分析

一、碳排放效率特征分析

北京市土地利用碳排放效率特征包括土地利用变化对碳排放的影响、不同土地利用类型对碳排放和碳吸收的贡献，以及优化土地利用结构以提高碳排放效率的策略等方面。

（一）土地利用变化对碳排放的影响

北京市的土地利用变化主要表现为建设用地的增加和耕地、林地、草地等生态用地的减少。这种变化导致了碳排放量的增加，尤其是建设用地成为主要的碳源。从 2001 年到 2020 年，北京市农业用地碳储量有所增加，但土壤碳储量减少，植被碳储量增加。这表明虽然农业用地面积减少，但通过合理的管理措施，如退耕还林等，可以增加碳储量。

（二）不同土地利用类型对碳排放和碳吸收的贡献

北京市不同土地利用类型对碳排放和碳吸收的贡献存在显著差异。建设用地是主要的碳源，其碳排放量在 2020 年达 1540 万吨，占比 99% 以上。相比之下，林地和草地是主要的碳汇，其中林地占总碳吸收量的 58%。耕地兼具碳源和碳汇功能，农业生产活动中的农业灌溉、农机燃料燃烧、农药化肥使（施）用等过程会产生 CO_2，而各类农作物生长过程会吸收 CO_2。此外，水域生态系统能够通过浮游植物的呼吸作用及其他化合反应吸收和储存 CO_2。城市绿地和园林绿地在城市建成区具有碳吸收能力，但其碳吸收量相对较低。总体来看，北京市的土地利用变化对碳排放和碳吸收具有重要影响，建设用地的扩张是导致碳排放增加的主要因素，而林地和草地的保护与恢复对于增强碳吸收能力至关重要（杨海明，2022）。

（三）优化土地利用结构以提高碳排放效率的策略

北京市优化土地利用结构以提高碳排放效率，是实现碳中和目标的重要路径之一。研究表明，北京市的土地利用变化对碳排放有显著影响，尤其是在城市化进程中，建设用地的扩张导致碳排放增加，而耕地、林地等生态用地的减少则降低了碳汇能力（杨海明，2022），因此，优化土地利用结构、减少建设用地扩张、增加碳汇用地（如林地、草地等）是提高碳排放效率的关键措施。

通过土地利用优化，可以提高土壤有机碳封存潜力，从而增强碳汇功能。例如，研究显示，通过空间限制情景下的土地利用优化，北京市的土壤有机碳封存潜力在 2030 年可增加 0.77 亿吨碳。此外，优化林地和绿地的空间布局，合理种植植被，可以提高绿地的碳汇能力（姚景涛，2018）。同时，控制农业用地面积减少量，优化农业用地内部结构，降低用地类型间的转换频率，也有助于提高农业用地碳储量。

二、碳排放效率的收敛性分析

影响北京市土地利用碳排放效率的因素包括经济发展水平、人口规模、产业结构、能源消耗强度等。其中，经济发展水平和产业结构对碳排放效率的影响尤为显著。随着经济的发展和产业结构的优化升级，北京市的土地利用碳排放效率有望进一步提高。

从长期趋势来看，北京市土地利用碳排放效率呈现一定的收敛性，即随着城市化进程的推进和低碳政策的实施，北京市整体的碳排放效率有所提高。特别是在低碳发展情景下，预计到 2030 年，北京市生态系统服务价值总量将显著提高，这表明通过优化土地利用结构和提高土地利用效率，可以有效提升碳排放效率。北京市在实现“双碳”目标的过程中，不仅需要关注碳排放的减少，还需要提升生态碳汇能力。例如，北京市通过增加森林面积和加强生态建设来提升林业碳汇能力；通过退耕还林还草政策提高碳汇能力，以及控制城镇和农村生活空间对农业生产空间和生态空间的占用，从而保障农业生产空间的固碳减排能力；同时，通过推进湿地恢复建设以增强湿地储碳能力。这些措施将有助于改善北京市的碳储量分布，并促进碳排放效率的提升。

然而，北京市的碳储量空间分布存在显著差异，呈现中心城区向周边地区递增，且首都功能核心区的碳储量较低的特点。这表明不同区域的土地利用方式对碳排放效率的影响不同，因此需要因地制宜地制定相应的土地利用策略。北京市土地利用碳排放效率的收敛性分析显示，尽管整体上存在收敛趋势，但不同区域和城市规模之间的差异仍然显著。为了实现更高效的碳排放管理，北京市需要在提升生态碳汇能力和优化土地利用结构方面采取综合措施。

三、碳排放效率的时空差异分析

北京市土地利用碳排放效率的时空差异分析可以从以下两个角度进行探讨。

从时间维度来看，北京市土地利用碳排放效率呈现显著提升趋势。根据2001—2020年的数据，北京市土地利用效率均值从0.45增加到0.79，提升率达到了75.6%。这表明北京市在土地利用方面取得了显著的进步，尤其是在提高土地利用效率和减少碳排放方面。

从空间维度来看，北京市内部不同区域的土地利用碳排放效率存在显著差异。研究表明，北京市一级核心区由于较好的经济基础和产业优势，土地利用效率较高，但自2013年以来，其效率均值持续走低。与此同时，二级核心区和外围区的效率均值则呈现上升趋势，尤其是外围区的效率差异程度明显缩小。这种差异反映了不同区域在经济发展水平、产业结构以及土地利用方式上的差异。北京市土地利用碳排放效率的提升也与城市化进程中的绿色空间变化密切相关。2001—2012年，北京市中心城区绿色空间总面积持续下降，但通过优化土地利用结构，如增加林地面积等措施，有助于提升碳汇能力，从而降低碳排放。

总体而言，北京市在土地利用碳排放效率方面表现出明显的时空差异。时间上，整体效率不断提升；空间上，不同区域之间存在显著差异，且这种差异随着时间的推移和政策的制定而逐渐缩小。未来，北京市应继续采取差异化措施，优化土地利用结构，推动绿色低碳发展，以实现可持续发展目标。

第三节　碳减排潜力分析

一、土地利用碳减排潜力分析

北京市土地利用碳减排潜力评价分析涉及土地利用结构转换、农业用地碳储量变化对土地利用变化的响应、低碳发展情景下的土地利用与生态系统服务价值、土地利用结构优化以及城市节能与碳减排政策等多个方面。

（一）土地利用结构转换

北京市土地利用结构转换对碳排放有显著影响。耕地向建设用地、林地和草地的转换导致碳排放变化量变大，建设用地的扩张是碳源增加的决定性因素。北京市通过一系列政策和规划来优化土地利用结构，以实现碳减排目标。例如，北京市政府于 2022 年 6 月 16 日发布的《北京市“十四五”时期土地资源保护利用规划》提出，到 2025 年，城乡建设用地规模控制在 2790 平方千米左右。此外，北京市还通过划定生态红线区和实施耕地保护措施来减少碳排放。图 4–1 为土地利用碳排放及低碳优化措施。

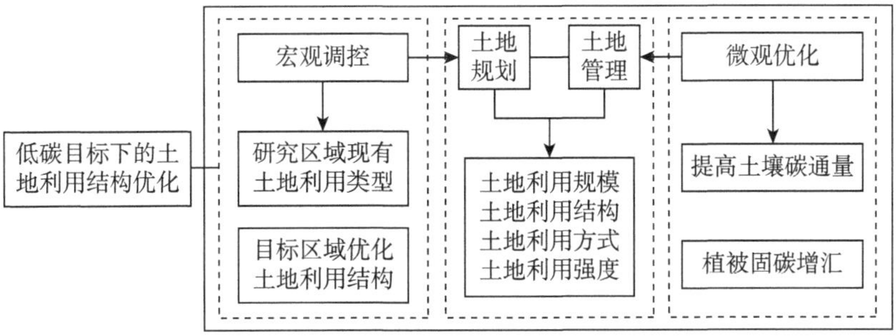

图 4–1　土地利用碳排放及低碳优化措施

（二）农业用地碳储量对土地利用变化的响应

农业用地是北京市第二大碳汇空间，其固碳潜力主要体现在农田植被和土壤有机碳库。通过保护性耕作等方式可以开发耕地土壤碳汇产品，并将其纳入全国碳市场交易。2001—2020 年，北京市农业用地碳储量增加，其中植被碳储量增加显著。这表明通过控制农业用地面积减少量和优化农业用地内部结构，可以提高农业用地碳储量。

（三）低碳发展情景下的土地利用与生态系统服务价值

在低碳发展情景下，北京市的土地利用结构与空间布局存在差异，东南部平原区建设用地的扩张与耕地面积的减少趋势得到了有效控制，西北部山区的林地面积有较大幅度的增长，这有助于提升生态系统服务价值。

（四）土地利用结构优化

土地利用结构优化可以促进北京市增汇减排。这表明优化土地利用结构是实现碳减排的重要途径。不同土地利用类型的碳吸收和碳排放特性差异显著。例如，耕地的碳吸收系数为 $0.00075 \times 10^4 t/km^2$，林地为 $0.0381 \times 10^4 t/km^2$。因此，林地在固碳方面具有较高的潜力，保护和增加林地面积是实现碳减排的重要途径。

（五）城市节能与碳减排政策

通过研究不同发展路径对城市未来能源消耗和碳排放的可能影响，发现低碳情景下北京市能源需求总量和碳排放总量均显著低于基准情景和政策情景，说明实施有效的城市节能与减排政策对于降低碳排放具有重要意义。城市生态空间（如绿地、水域）在削减 PM2.5 浓度和改善空气质量方面具有显著效益。研究发现，生态用地区域的 PM2.5 浓度比非生态用地区域低 32.29%，这表明生态空间的优化配置可以间接促进碳减排（吴健等，2021）。

为进一步提升北京市的碳减排潜力，可加强城市规划与土地利用管理，细化城市内部用地利用类型，优化城市空间格局，推动低碳建设示范区的设立；推广可再生能源，持续发展分布式光伏和外调绿电，减少对化石能源的依赖；保护和恢复生态系统，增加林地和水域面积，减少耕地和建筑用地的扩张，以提高生态系统服务价值，从而促进经济社会低碳转型与生态系统服务价值的提升。

二、碳减排前景分析

根据相关规划，北京市制定了明确的碳减排目标，计划在 2050 年左右实现碳中和。这一目标分为两个阶段：第一阶段为快速减排期（2020—2035 年），碳排放总量持续下降，相对排放最大值减少 35%；第二阶段为全面中和阶段，进一步减少碳排放至 1000 万 ~1500 万吨。

北京市的碳减排潜力与经济发展、能源消费结构、交通领域转型以及政策实施、科技创新与制度创新等多个方面密切相关。通过优化能源消费结构、调整产业结构、推广新能源汽车、优化交通出行结构以及实施有效的低碳政策，可以实现显著的碳减排效果。同时，应关注减排措施的协同效应，以实现大气污染物和温室气体的协同控制。

（一）经济发展与碳排放关系

北京市的经济增长是推动碳排放增长的核心因素，但能耗强度的下降和产业结构的调整有助于抑制碳排放的增长。这表明在经济增长的同时，通过提高能源使用效率和优化产业结构，可以有效控制碳排放。

（二）能源消费结构优化

北京市已经实施了一系列节能减排措施，如推广新能源车和优化机动车结构，对减少 CO_2 排放具有显著效果。通过扩大本地可再生能源电力生产和增加外调绿电输送能力，可以进一步提高绿电占比，提升减污降碳协同控制效应。

（三）交通领域的碳减排潜力

北京市的交通出行碳排放量巨大且增长迅速，但通过职居关系调整和推广新能源车等措施，可以显著减少交通出行的碳排放。例如，职居关系调整情景下，2020 年和 2030 年的交通出行年碳排放总量将分别减少

184.42 万吨和 520.42 万吨。

（四）政策情景分析

有研究显示，在低碳情景下，北京市能源需求总量和碳排放总量将显著降低。这表明通过制定和实施有效的低碳政策，可以实现显著的碳减排效果。北京市已实施的减排措施基本具有协同效应，对大气污染物的减排作用普遍大于 CO_2，且“十四五”时期的协同效果总体好于“十三五”时期。这表明在实施减排措施时，应考虑其对其他污染物的协同减排效果。

（五）碳市场与政策支持

自 2013 年起，北京市启动了碳排放权交易市场试点，并逐步扩大覆盖范围，到 2021 年初，纳入北京市碳市场管理的重点碳排放单位达 800 余家，覆盖电力、热力、航空等 8 个行业；截至 2025 年 5 月底，纳入北京市碳排放权交易管理的重点碳排放单位共 921 家、民用航空运输业碳排放单位共 11 家、一般报告单位共 393 家。通过碳配额有偿竞价发放和回购机制，激励企业采取减排行动，同时推动碳减排量的市场化交易。此外，北京市还鼓励自愿减排活动，如倡导低碳出行、推广油改电小客车和氢燃料电池汽车等，进一步促进了公众和企业的低碳参与。

（六）科技创新与制度创新

北京市注重科技创新和制度创新，推动低碳技术的研发和应用。例如，氢能产业作为未来的重要发展方向，通过示范项目推动氢能汽车的减排效果，并探索氢能全生命周期的碳减排监测。此外，北京市还通过完善碳排放权交易管理办法和碳核算机制，确保碳减排工作的透明性和有效性。

三、主要碳减排措施

北京市采取的主要减排措施如下。

（一）践行低碳消费方式

北京市作为我国最重要的城市之一，其城市化已经进入快速发展的中期阶段，在这一阶段，将会持续提升对经济增长的需求。据相关统计，就常住人口而言，2015 年年末，北京市人口规模就达到了 2170.5 万人。人口规模是影响能源消耗的重要因素，人口规模越大，每年需要的能源消耗就越大。另外，庞大的人口也带来了各项严重的生态问题。近几年来，无论是碳排放还是能源消耗，北京市都呈现出较大幅度的提升。能源消耗总量的不断提升，也导致碳排放的快速升高。人均 GDP 对碳排放的贡献率非常大，而北京人均 GDP 在近几年则呈现出快速增长的态势，这也导致了碳排放的快速增长。从北京市整体碳排放与生活消费碳排放占比可知，有将近 20% 为生活消费排放，因此，要想加快推进循环经济建设，减少碳排放，从生活消费方面着手也是一个非常重要的部分。在碳减排的政策和措施中，应当将其与工业减排结合起来，最终实现整体上的碳减排。随着北京市“十五五”规划的推进，有序疏解非首都功能、治理“大城市”病、优化提升首都核心功能、推动京津冀协同发展，道路交通运输将进一步承担艰巨的使命。为了更好地达到节能减排的效果，需要提高社会及私人车辆能源利用效率，加大对公路基础设施的投入，有效减少社会及私人车辆能耗，并加大城市道路规划及城区建设。

（二）调整能源结构，打造清洁能源体系

北京市将继续加大清洁能源在能源使用总量中的占比，并通过能源引进来提高清洁能源的利用率。改变煤炭发电占比过重的状况，开展和推广电力生产燃气化，建设燃气热电中心。加快太阳能等再生清洁能源的使用。积极推广无煤社区的发展，促使整个城区全部使用清洁能源，消除煤炭带来的污染。

（三）大力发展低碳建筑，降低建筑规模能耗

随着人口的增多，建筑所带来的能耗也越来越不容忽视。在社会和经济的发展中，建筑能耗的占比逐渐加大，因此，推广低碳建筑，努力降低建筑能耗，是发展低碳经济的又一举措。发展低碳建筑，就要将低碳环保

设定为建筑的新标准，并严格规范建筑的碳排放量，从设计到建设直到完工使用的一系列过程中，都要严格遵守低碳减排标准。在具体的实施过程中，要选用节能材料，充分利用太阳能为建筑提供能源，并提高能源的利用率，减少不必要的能源损失，大量采用新材料，提高建筑的自然采光能力。按照国家规范进行建筑设计，在通风、采暖等方面进行优化设计，实现绿色住宅的建设。另外，对于当前已经建好的建筑，可以在原有的供能基础上，利用先进的技术进行系统改进，原本节能较好的功能可以保留，而对于能耗较大的功能，则要采用新技术和手段进行整改，最大程度上降低老旧建筑的能耗占比。

（四）提倡低碳生产及生活

在经济不断发展以及人口数量持续提升的大背景下，常规能源的使用量不断加大，对环境造成的损害也越来越大，从而引发一系列环境问题，例如水污染、废气污染、酸雨等。同时，CO_2 的浓度不断加大，加速了全球气候变暖。之所以会形成这种现象，主要是因为人们的生产生活方式不健康、能源的使用不科学而导致的。自从出现低碳经济后，其重要的一个内容就是大力倡导清洁能源的生产和使用，以减少碳排放量较大的煤炭等能源的使用占比。另外，低碳生产的发展和推广，也是降低碳排放、减少环境污染的重要方式。因此，要加大低碳清洁能源的宣传力度，积极推广低碳清洁能源的使用，在多行业多领域实现低碳生产和发展，最终降低社会整体的碳排放。倡导人们树立低碳生活理念，反思那些习以为常的消费模式和生活方式，要从日常生活的方方面面开展低碳经济、低碳生活的创意活动，要习惯低成本、低代价的生活方式，尽量少使用和不用一次性工具，从而为低碳环境保护贡献自己的一份力量。

第五章

北京市土地利用结构优化的对策研究

第一节　优化原则及工作思路

一、优化原则

为了可持续地利用有限的土地资源和保护生态环境，北京市土地利用结构优化的对策研究遵循以下基本原则。

（一）可持续发展原则

可持续利用土地资源是土地利用结构优化的核心目标之一。这要求在优化过程中充分考虑土地资源的长期利用效率和生态环境保护，确保土地利用活动不会对环境造成不可逆转的损害。

（二）多目标优化原则

土地利用结构优化应同时考虑经济、社会和生态三方面的效益，构建多目标优化模型，实现土地利用的综合效益最大化。在优化过程中，不仅要考虑土地利用的经济效益，还要兼顾社会效益和生态效益，确保土地利用活动能够促进社会公平和生态环境的保护。

（三）空间布局合理性原则

优化北京市土地利用结构，需要合理规划土地的空间布局，避免无序扩张和过度开发。通过科学的空间布局规划，促进土地资源的合理分配和高效利用，同时保护和恢复生态环境。

（四）政策引导和调控原则

政府应通过制定和实施相关政策，引导和调控土地利用结构的优化。包括建设用地减量调控、土地利用政策的调整等，以实现土地利用的科学管理和可持续发展。

（五）科学决策和技术支持原则

在土地利用结构优化的研究和实践中，应充分利用现代科技手段和方法，如 GIS 空间分析、非线性规划、交叉熵优化等，提高决策的科学性和准确性。

（六）区域协调和整体规划原则

考虑到北京市及其周边地区土地利用的相互影响，土地利用结构优化应采取区域协调和整体规划的策略，促进京津冀等周边地区的土地资源合理配置和协调发展。

二、工作思路

实现土地利用碳排放效率提升的重点是形成土地利用低碳发展的引导机制，通过行政、技术、经济、法律法规等手段和科学的规划管理，重新配置土地利用方式、结构、规模和强度，从而减少因土地利用变化而引起的碳排放效应，有效提高土地利用产出效益，最终达到实现碳减排和提升土地利用效率的目的，实现土地资源的可持续、高效利用。

（一）规模调控

城市化进程带来的人口增加和经济发展，加快了土地利用变化的规模及程度，尤其是建设用地需求量增大，扩张迅速，导致在开发利用过程中工业产品生产规模扩大，消耗大量的能源，产生大量的废弃物，致使碳排放量迅速增加。同时，建设用地侵占了大量具有碳汇功能的耕地，又在无形中加剧了碳排放的规模和程度，使土地生态系统碳循环压力倍增。因此，适当控制土地开发利用程度，将土地利用规模和强度进行综合评估，可以在不同的组合类型中得到提升土地利用效率和控制碳减排的最佳组合方案。

（二）结构调控

从土地利用的碳汇和碳源来看，耕地主要表现为“强碳汇—弱排放”的特征，建设用地则主要表现为“强排放—弱碳汇”的特征，而且不同的土地利用类型，碳汇和碳源的强度差异明显。土地利用碳汇一般包括林地碳汇、草地碳汇、耕地碳汇、湿地碳汇和水域碳汇等，土地利用的调控会对碳源和碳汇的规模与强度产生影响。一般而言，调整土地利用结构，可以改变高碳排放用地和高碳汇用地的比例，使得高碳汇用地增加，高碳排放用地减少。针对不同地区的不同情况，为了使调控机制更加适合本地实际，应对土地利用结构调控带来的碳汇效应进行综合评估，使土地利用结构的布局能够促进碳减排和碳增汇，既能保证经济发展和用地需求，又能在一定程度上使碳排放强度得到降低，减少土地利用净碳排放效应。

（三）强度调控

土地资源开发利用的程度往往体现在土地利用的强度上，土地利用的强度是影响土地生态系统碳循环和改善土地利用效率的重要因素。提高土地利用强度，必然会导致土地资源、能源、水资源和资金等各种自然、社会要素投入的提升，也会导致各种碳源的增加。虽然在一定程度上能够刺激经济的发展，但同时也带来了碳排放量的增加，使土地利用的碳排放效率下降。因此，通过对土地利用强度的合理调控，可以提高土地利用过程中各种自然和社会要素的利用效率，控制土地开发利用的强度，减少和控制土地利用变化造成的碳排放，提升碳减排的效率，实现土地资源可持续利用的目的。

提升土地利用碳排放效率示意图如图 5–1 所示。

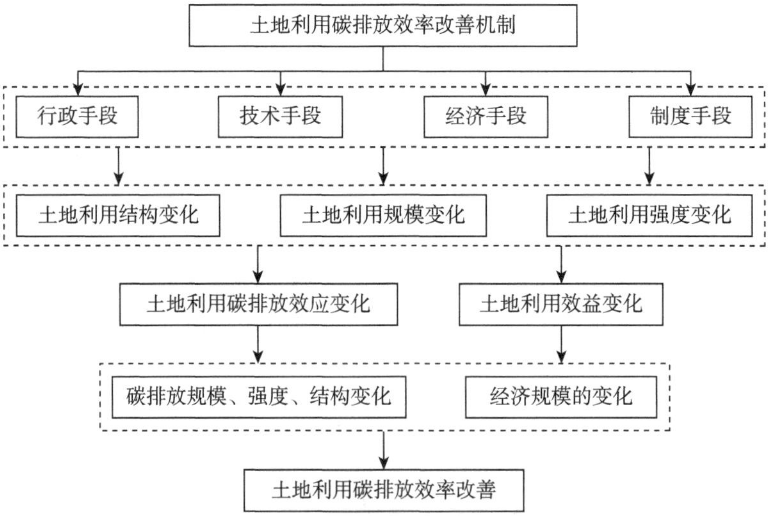

图 5–1　提升土地利用碳排放效率示意图

第二节　土地利用结构优化

一、优化目标的确定

根据区域发展目标，通过设计土地利用结构优化方案，以及对各土地利用类型在空间上的布局调整，提出最佳用地类型的面积比例，使得优化方案能够达到碳排放量最小或是碳汇量最大的目标。

据《北京市人民政府关于2023年度国有资产管理情况的综合报告》，北京市土地总面积16410平方千米，其中国有土地面积3549平方千米，占比21.63%，国有土地包括国有农业用地1418平方千米，国有建设用地1890平方千米，国有未利用地241平方千米，占比分别为39.95%、53.27%和6.78%。国有建设用地中，交通运输和住宅用地占比较高，国有建设用地结构如图5-2所示。

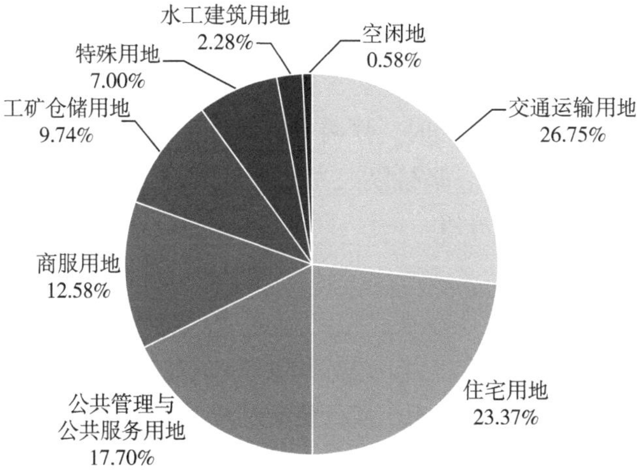

图5-2　北京市国有建设用地结构

2023年年末，全市森林资源总面积8532平方千米，森林覆盖率达到44.9%；湿地资源总面积为30平方千米，其中国有湿地面积为27平方千米，占湿地资源的90%，湿地资源分布在全市13个区，面积较大的有房山区、延庆区、大兴区等。

优化目标遵循如下规则。

（一）总量管理与底线约束

坚持以资源环境承载能力作为约束，严格控制土地利用总量，确保土地资源的可持续利用。坚持总量管理、底线约束；坚持空间统筹、系统治理；坚持保护优先、集约利用；以人为本、创新驱动、绿色发展；开放合作、共建共享；实现“多规合一”；控制新增建设用地规模；强化土地利用监管；建立健全征地补偿机制；完善交通基础设施用地的保障机制。

（二）空间统筹与系统治理

以生态安全格局为基础，优化国土开发保护格局，实现空间布局的合理化和系统化管理。加大城市地下空间开发优惠政策，再利用闲置地、废弃地、低效地，调整和整合城区工业用地发展，推动开发区产业结构优化升级，实现土地利用总体规划指标“两减一增”。

（三）保护优先与集约利用

将碳达峰、碳中和融入土地资源保护与利用，提升生态系统质量和稳定性，推动高质量发展。同时，强调节约集约用地，通过盘活存量低效用地，提高土地利用效率。坚持以人为本的发展理念，注重创新和绿色发展，推动产业结构优化升级。

（四）节约集约用地

综合考虑土地利用的社会、经济和生态效益，以资源环境承载能力为约束底线，强化资源节约意识，实行资源利用总量控制、供需双向调节和差别化管理，促进资源利用向内涵集约化、规模化和绿色化方向转变，坚持局部服从整体利益，眼前服从长远利益。

（五）优化土地利用结构

通过调整和整合城区工业用地，推动开发区产业结构优化升级，提高土地节约集约利用水平。根据各地实际情况，因地制宜地进行土地利用结构调整和布局优化，统筹城乡发展、区域发展、经济社会发展和人与自然和谐发展。

（六）严格控制新增建设用地

实施建设用地减量发展战略，坚守建设用地规模底线，大力腾退盘活存量低效用地。推动“多规合一”，共同划定永久基本农田红线、生态红线和城市开发边界，创新规划实施机制，提升城市综合治理水平。

（七）协调城乡发展

优化城乡建设用地布局，实施城乡建设用地增减挂钩和用地置换，优先保障基础设施、新兴产业和民生项目用地。统筹城乡建设用地开发利用，构筑首都多中心、网络化的城镇空间结构，实现城乡统筹发展。控制建设用地规模和开发强度，对接京津冀区域发展战略，实现“三圈、九田、多中心”土地利用总格局基本稳定，即以围绕城市中心区的三个“绿圈”（第一道绿化隔离带和第二道绿化隔离带地区为主体的环城绿化隔离圈，以“九田”为基础的平原农田生态圈和以燕山、太行山山系为依托的山区生态屏障圈）、规划的九片基本农田集中分布区和以中心城、新城、其他重要城市节点组成的多中心。

（八）生态保护与修复

以生态安全格局为本底，加强生态保护修复，提升土地利用效率，构建更加和谐宜居的生态空间格局。

二、优化模型的建立

土地利用结构优化是通过改变土地利用的方式和类型，调整各种土地利用类型的数量和组合结构，合理配置各种土地利用类型的比例，从而使其发挥最大潜能，达到一种最优的组合方式，既能满足经济发展的需要，又能提高土地有机碳的储量。本书采用线性规划方法，构建土地利用结构优化模型。模型的基本表达式如下：

$$\max(\min)F(x) = \sum_{i=1}^{n} C_i X_i \quad (5\text{–}1)$$

式（5–1）中，X_i 为土地利用类型面积；C_i 为土地有机碳密度；$F(x)$ 为土地碳储量。

（一）模型变量的设置

根据北京市土地利用一级类分类，本书设置了六个因变量，分别为耕地、林地（含灌木林地）、建设用地、草地、水域用地（含湿地）和未利用地。

（二）约束条件

首先区域的总面积是不变的，即各个自变量之和要为常数，即 16410 平方千米。

$$\sum_{i=1}^{n} X_i = 16410 \quad X_i \geqslant 0 \quad (5\text{–}2)$$

我国一直非常重视耕地保护，耕地的数量关系到粮食安全和自给自足的问题。但是，经济发展和城市的扩张不可避免地会占用一些耕地资源，这使得耕地保护形势更加严峻。北京市耕地后备资源不足，生态环境约束较大。2020 年，北京市的耕地面积为 3397 平方千米，远期年耕地保有量应控制在 3200 平方千米以上，由此耕地的约束条件如下：

$$X_1 \geqslant 3200 \quad (5\text{–}3)$$

在陆地生态系统中，森林作为地球之肺，是最大的有机碳库。根据北京市土地利用现状，全市林木（含灌木林）面积为 7915 平方千米，覆盖率达到 48.23%，未来林地面积只要不减少，均能达到规划期要求，据此，可建立林地的约束条件为：

$$X_2 \geqslant 8500 \quad (5\text{–}4)$$

草地的面积近几年呈下降趋势，2020 年北京市草地面积约为 1912 平方千米，即：

$$X_3 \geqslant 1800 \quad (5\text{–}5)$$

建设用地是人类生产生活的主要承载地，尤其是承载着第二、第三产业，对经济增长的贡献最大。建设用地不同于林地、草地、耕地等土地利用类型可以进行转变。根据以往发展趋势，建设用地面积只会增加不会减少，根据北京市土地利用总体规划，到 2030 年，全市建设用地面积不能超过 3817 平方千米。建设用地面积的范围为：

$$2900 \leqslant X_4 \leqslant 3817 \quad (5-6)$$

北京市水域用地主要是内陆滩涂、河流水面、水库水面和坑塘水面，由于水域具有较高的生态服务价值，对调节城市气候有着重要的作用。2020 年北京市水域用地（含湿地）面积约为 270km^2，未来期望水域面积会有所增加。

$$270 \leqslant X_5 \leqslant 300 \quad (5-7)$$

未来 20 年内，随着社会经济发展，会开发更多的未利用土地，应充分利用空闲地、沙地、裸地等，提高土地利用效率，所以未利用土地的面积在不断减少。根据 2020 年其他土地数量变化趋势，预测 2030 年其他土地面积为 10 平方千米。未利用土地面积的控制范围如下：

$$10 \leqslant X_6 \leqslant 16 \quad (5-8)$$

北京市土地利用总体规划对重点保护基础性生态用地作了规定，规划期内，确保具有改善生态环境的耕地、林地、草地、水域等土地利用类型面积占国土总面积的比例在 80% 以上，即约束条件如下：

$$X_1 + X_2 + X_3 + X_4 + X_5 + X_6 > 13128 \quad (5-9)$$

（三）目标函数

优化土地利用结构策略，增加生态用地，减少建设用地；保护和恢复水域面积，促进生态保护功能；实现耕地、林地等生态用地的平衡发展。

基于碳储量最大化目标优化模型：为了求得每种土地利用类型的碳储量，有必要知道每种土地利用类型的碳密度，在已有大量研究的基础上，在各个自变量的约束条件下，求得北京市各个土地利用类型碳储量总和的最大值。

基于碳排放最小化目标优化模型：为了求得每种土地利用类型的碳储量，有必要知道每种土地利用类型的碳排放参数，在已有大量研究的基础上，在各个自变量的约束条件下，求得北京市各个土地利用类型碳排放量总和的最大值。

三、优化方案

利用优化算法模型，输入各变量的约束范围和目标函数，可以求出两组最优解，即得到以下两种优化方案（见表 5–1）。

表 5–1　土地利用结构优化方案

土地利用类型	2020 年（km^2）	比例（%）	最大目标			最小目标		
			优化面积（km^2）	比例（%）	增减（km^2）	优化面积（km^2）	比例（%）	增减（km^2）
耕　地	3396.87	20.70	3315.17	20.20	–81.7	3318.53	20.22	–78.34
林地（含灌木）	7914.54	48.23	8026.1	48.91	111.56	8036.06	48.97	121.52
草地	1911.77	11.65	1835.3	11.18	–76.47	1835.3	11.18	–76.47
建设用地	2899.65	17.67	2948.24	17.97	48.59	2935.32	17.89	35.67
水域（含湿地）	270.76	1.65	271.16	1.65	0.4	270.76	1.65	0
未利用地	16.41	0.10	14.03	0.09	–2.38	14.03	0.09	–2.38
总　计	16410	100	16410	100	0	16410	100	0

分析表 5–1 中的各种土地利用类型的优化结果，两种优化方案相似。基于碳储量最大化的优化结果中林地和建设用地面积有不同程度的增加，林地增加的幅度较大。耕地、草地、未利用地面积有不同程度的减少，耕地、草地减少的幅度较大；以碳排放量最小化为目标的土地利用优化，同第一种方案相同的是林地和建设用地都有所增加，只是林地增加的面积多于第一种方案增加的面积，耕地、草地、未利用地面积有所减少，其他土地未发生变化，具体体现在以下六个方面。

第一，耕地面积减少。第一种方案中，优化后的耕地面积为 3315.17 平方千米，较 2020 年减少了 81.7 平方千米；第二种方案相比第一种方案少减少了 3.36 平方千米，优化后的耕地面积达到了北京市土地利用总体规划的要求。

第二，建设用地增加。优化后的建设用地面积为 2948.24 平方千米，比 2020 年提高了 48.59 平方千米。建设用地的面积增加是不可避免的，按照优化后的面积计算，建设用地增长率为 1.62%，小于 2001—2020 年的增长水平，优化后的方案对碳排放量将起到很好的抑制作用。

第三，林地面积增加。林地是土地利用系统中固碳能力最高的土地利用类型。第一种方案中，为了达到碳储量最大值，林地面积增加到 8026.1 平方千米；第二种方案中，为了达到碳排放量最小，林地面积增加量较第一种方案还增加了 9.96 平方千米。

第四，草地面积减少。由于草地碳汇系数较小，优化模型的结果导致草地面积的指标有所减少，两种方案分别减少了 76.47 平方千米和 89.39 平方千米，优化后的草地面积达到了北京市土地利用总体规划的要求。草地碳汇总量相较于林地增加较少，给了林地面积增加指标更多的空间，对区域整体碳汇量有积极影响。

第五，水域用地略增或保持不变。

第六，未利用地有待合理开发利用。2020 年北京市未利用地面积为 16.41 平方千米，优化方案中，未利用地未被全部开发利用，考虑到土地生态较脆弱，开发成本较大且具有一定风险，因此，合理、高效、科学地开发未利用土地，是北京市土地利用结构优化过程中所要解决的重要课题之一。

第三节　低碳土地利用优化调控建议

一、主体功能区布局

根据 2012 年 9 月 18 日发布的《北京市人民政府关于印发北京市主体功能区规划的通知》（京政发〔2012〕21 号），北京市将国土空间划分为四类功能区域和禁止开发区域。四类功能区域分别是首都核心功能区、城市功能拓展区、城市发展新区和生态涵养发展区（见表 5–2）。

表 5-2 北京市主体功能区划分（2012 年）

功能区域	各区	街道、镇、乡	土地面积（km^2）
首都功能核心区	东城区、西城区	32个街道	92.4
城市功能拓展区	朝阳区、海淀区、丰台区、石景山区	70个街道、7个镇、24个乡	1275.9
城市发展区	通州区、顺义区、大兴区、昌平区(平原)、房山区(平原)	24个街道、56个镇、1个乡	3782.9
生态涵养发展区	门头沟区、昌平区(山地)、房山区(山地)、平谷区、怀柔区、密云区、延庆区	14个街道、79个镇、15个乡	11259.3

首都功能核心区：属于完全城市化地区，主体功能为优化开发，要求限制与核心区不匹配的相关功能。包括东城区和西城区，共 32 个街道，常住人口 216.2 万，土地面积 92.4 平方千米。

城市功能拓展区：已具有较高的开发程度，但未完全城市化的地区，主体功能是重点开发，既要坚持产业高端化、发展国际化、城乡一体化，也要优化提升商务中心区（CBD）、中关村核心区等较为成熟的高端产业功能区，严格保护颐和园、西山国家森林公园等禁止开发区。包括朝阳区、海淀区、丰台区、石景山区，共 70 个街道、7 个镇、24 个乡，常住人口 955.4 万，土地面积 1275.9 平方千米。

城市发展新区：北京市开发潜力最大、城市化水平有待提高的地区，主体功能是重点开发。要加快重点新城建设，同时优化提升临空经济区和北京经济技术开发区等基本成熟的高端产业功能区，严格保护汉石桥湿地自然保护区等禁止开发区。包括通州区、顺义区、大兴区（北京经济技术开发区）以及昌平区和房山区的平原地区，共 24 个街道、56 个镇、1 个乡，常住人口 541.8 万，土地面积 3782.9 平方千米。

生态涵养发展区：保障北京市生态安全和水资源涵养的重要区域。主体功能是限制开发，限制大规模高强度工业化城镇化开发。重点培育旅游、休闲、康体、文化创意、沟域等产业，推进新城、小城镇和新农村建设。严格保护长城、八达岭、十三陵风景名胜区等各类禁止开发区。包括门头沟区、平谷区、怀柔区、密云区、延庆区以及昌平区和房山区的山区部分，共14个街道、79个镇、15个乡（含昌平区的7个镇，房山区的1个街道、9个镇和6个乡），常住人口247.8万，土地面积11259.3平方千米。

四类功能区域地区生产总值比例为23∶47∶26∶4，常住人口比例为11∶49∶27∶13，土地面积比例为0.6∶7.8∶23.0∶68.6。

禁止开发区域：分散分布于上述四类功能区域内，主要是一些世界自然文化遗产、自然保护区、风景名胜区、森林公园、地质公园和重要水源保护区所在区域，面积约为3023平方千米，占市域总面积的18.4%。该区域按照2019年12月28日第十三届全国人民代表大会常务委员会第十五次会议修订的《中华人民共和国森林法》，以及根据《国务院关于修改部分行政法规的决定》（国务院令第666号）于2016年2月6日修订的《风景名胜区条例》等现行法律法规规定和相关规划实施保护和利用。

二、土地利用调控措施

（一）政策与规划

完善生态环境保护领域规划政策，推进碳达峰、碳中和工作，制定中长期生态环境保护规划，推进交通运输低碳发展，谋划减污降碳重点领域的发展目标和政策规划。低碳目标下的土地利用结构优化包括碳减排和碳增汇两个方面，碳减排目标主要包括建设用地碳减排和能源碳减排；碳增汇目标则主要包括耕地、林地、湿地保护和生态环境修复等。为了鼓励和支持土地利用配套政策体系的顺利进行，需要构建生态补偿机制，包括土地利用类型间和跨区域间的生态补偿，从而实现土地利用结构优化，促进区域社会经济向绿色低碳的方向发展。

（二）土地节约集约利用

提高土地节约集约利用水平，盘活存量建设用地，调整建设用地结构，强化城市空间规划、土地利用规划整体管控和精细化管理。根据北京市土地资源整合利用规划，北京市应坚持节约优先、保护优先的方针，严格控制新增建设用地规模，加强生态保护修复，提升土地利用效率。在中共北京市委、北京市人民政府于2017年9月29日发布并实施的《北京城市总体规划（2016—2035年）》中规定，到2020年，北京市建设用地总规模（包括城乡建设用地、特殊用地、对外交通用地及部分水利设施用地）控制在3720平方千米以内，到2035年控制在3670平方千米左右。通过制定和完善土地节约集约利用的法规和标准，强化城市空间规划和土地利用规划的整体管控和精细化管理，以提高土地利用效率。此外，北京市还鼓励土地用途复合利用，支持共建共享，并推动存量建设用地的盘活。

（三）碳汇功能提升

碳汇能力建设方面，加强湿地保护是提升湿地碳汇功能的措施之一；建立生态高效的耕作制度，增加土壤有机碳储量；加强水生态系统保护修复，健全河流湖泊保护制度。北京市加强了湿地保护，提升湿地碳汇功能，并通过建立生态高效的耕作制度、增加土壤有机碳储量等措施来提升农田土壤的碳汇能力。同时，北京市还计划将森林覆盖率提升至50%以上，以增强园林绿化系统的碳汇能力。

（四）能源减排

在低碳技术和新能源应用方面，持续提升能源利用效率，强化节能监察和执法；优化能源消费结构，推广新能源应用；实施重点工程，加强精细化管理和推广先进技术产品化。北京市大力推广使用太阳能、地热、生物质能等新能源，提高建筑节能标准，并全面推行供热计量收费。此外，北京市还开展新能源与可再生能源利用的关键技术研发，如太阳能光热利用和风电机组状态监测等。

（五）低碳示范区建设

开展多类型、多层次的绿色低碳示范区建设；建设低碳乡镇和社区，推广低碳生活方式；实施近零碳排放区示范工程，推动城乡一体化发展。北京市作为全国首批碳排放权交易试点之一，激励重点排放单位通过低碳能源转换、新技术利用以及提高管理效率等方式减少碳排放，提高碳排放绩效。

（六）土地资源综合治理能力提升

完善自然资源监测管理平台，健全土地资源管理法规标准体系，搭建全域联动的政策实施机制。北京市完善了自然资源监测管理平台，健全土地资源管理法规标准体系，并搭建全域联动的政策实施机制。同时，加大地下空间开发的优惠政策，推动各类闲置地、废弃地、低效地的再利用，调整和整合城区工业用地，发展工业总部经济和生产性服务业。探索建立交通基础设施用地储备与批次供应制度，优先保障公交大型驻车场用地。

三、碳增汇目标下土地利用调控建议

（一）土地利用碳增汇

1. 优化土地利用结构，增加碳汇能力强的土地利用类型占比

北京市碳平衡目标下的土地利用结构优化潜力很大。由于林地的固碳能力大于耕地和草地的固碳能力，且草地在北京市土地利用总面积中的占比较小，可以适当增加林地面积，大力开发林地的固碳潜能。适当调整各种土地利用类型之间的比例，严控建设用地过快增长和耕地过快下降的势头，注重未利用地向其他土地利用类型转化的研究及可行性分析。增加具有碳汇能力土地利用类型的面积，如湿地。对于建成区要增加绿化用地和湿地面积，包括公园绿地、园林植被、道路两旁的绿化带等；对于生态涵养区要加大植树造林、封山育林等措施的力度，优先发展生态特色农业，加强对未利用地的高效开发利用。

2. 加强农田生态系统管理，调整耕地种植结构

农田生态系统与林地和草地生态系统相比，人工参与的管理手段较多，可以有效改善耕地的碳储量。如通过免耕、稻秆还田、有机肥的配施来改善施肥方式以增加碳汇。碳吸收强度主要与农作物的单产量有较高的关系。合理的耕作轮作，适当的施用化肥、降低撂荒面积、提高复种指数，提高农业生产技术和改善管理措施都可以增加农作物的产量，也就增加了农田生态系统的碳储量。农业用地种植业结构的调整对农田生态系统的碳净吸收也有重要影响，每种经济作物的碳吸收系数和经济系数不同，而农作物的碳吸收量不仅与产量有关，还与农作物的这两种系数有关，通过增加碳吸收系数和经济系数高的经济作物的种植比例，不仅提高了耕地的碳吸收量，也提高了农业产出，还可以通过提高农业生产技术和管理水平来增加耕地的碳吸收量。

3. 调整林、灌、草覆盖面积，提升植被初级生产力

生态系统的碳增汇主要是各种土地利用类型上的植被通过光合作用产生的初级生产力，以达到固碳的目的。通过调整土地利用类型，增加固碳土地利用类型的植被面积，可以达到碳增汇的目标。林地作为土地利用类型中碳汇量最高的用地类型，对区域总碳储量有着非常重要的影响。2020年，北京市林地（含灌木林）覆盖率已达到48%左右，是相当高的。但是从林木的质量上来看，并未达到最优的状态，在面积不变的情况下，可以通过提高植被的质量来增加碳汇量。可以适当优化森林结构，增加平均净生产量较高的植被的覆盖面积；单位面积的城市森林在有效调节大气浓度方面是其他地区森林的一倍，所以，对于城市园林绿地可增加城市森林的面积，如加强道路两旁尤其是高速路两旁的树木绿化范围、加大居民小区的绿地覆盖率等。为充分发挥园林绿化的生态环境功能，需要改变传统的营造、养护、管理的模式，采取乔木、灌木复层立体培植方式。这些措施直接或间接地增加了植物的生物量，提高了植物的净生产力，减少了人为的碳损失，对于提高城市的园林绿地碳储量具有明显的效果。

（二）政策建议

1. 落实耕地保护政策，促进低碳农业发展

我国政府对耕地保护一直是非常重视的，近几年也陆续出台了许多相关的支持政策，并提供了一定的资金支持。耕地基础设施条件的改善对于农业生产能力的提高有显著的推动作用。必须要将这些耕地保护政策落实，才能对耕地保护起到实质性的作用。2011年，北京市成立北京低碳农业协会，参与制定了低碳农业发展的许多政策，这对于北京市低碳农业的发展起到了积极的推动作用。为了加快资源节约型和环境友好型社会的发展，北京市还先后制定了一系列促进节能减排的政策，为大力发展清洁生产、循环农业、低碳农业提供强有力的技术与政策支撑。在补贴政策上，可以借鉴国外发达国家的经验，对实施有机肥的农户、节能减排的行为等进行补贴，探索建立经济补偿与激励机制，促进农业生产实践。

2. 完善林地保护政策

国家应加大力度落实林业保护政策，继续实施木材采伐限额制度，对限伐数量进行更加严格的管控，使林地森林能够得到定期修整，从而提高固碳能力；同时应加大对林区的扶持力度，制定合理的林地保护奖惩制度、完善林地的管理制度；实行优惠的林地税费制度，根据林地不同区域发展状况给予不同程度的林地税费优惠。强化林地的生态保育和恢复，有计划地进行封山育林、防风固沙，严禁毁林开荒。根据各区自身情况制定合理的轮伐制度，对人工林确定适当的轮伐期和轮伐量。

3. 加强对生态用地的研究，出台保护生态用地的政策

生态用地是指具有涵养水源、保护土壤、防风固沙、调节气候、净化环境、保护生物多样性等生态功能的土地利用类型，对于维护区域生态平衡，改善人类生存环境，实现经济社会可持续发展，具有十分重要的意义。目前国际和国内对生态用地的定义、内涵和界定范围没有统一的规定，我国官方文件中有一些已经提及生态用地。学术界公认将林地、草地、水域用地归为生态用地。加强对生态用地的研究，并且出台相应保护生态用地的政策，对于整个区域的碳增汇有积极的促进作用。

四、碳减排目标下土地利用调控建议

（一）土地利用碳减排

1. 控制建设用地扩张，提高土地集约利用程度

建设用地承载着许多高能耗和碳排放高的产业，因此，控制碳排放的重点应放到建设用地上。控制城市建设规模，明确规定可以开发、限制开发和禁止开发区域，严格限制建设用地扩张，规范建设用地占用行为。对建设用地内部进行集约利用，高效合理地布局开发区、交通业等高排放用地，有效地节约相关的生产投入，实现公共基础设施的合理利用。对于农村用地可以采取土地复垦技术来提高土地的集约利用程度。

2. 合理布局建设用地内部结构

建设用地内部主要包括工矿仓储用地、商服用地、住宅用地、交通运输用地等，应根据每种土地利用类型的碳排放强度重新合理分配用地比例，并加强各土地利用类型内部的集约利用。尽量控制仓储用地规模，合理规划交通运输用地，合理规划住宅小区，解决农村宅基地闲置浪费现象。在土地面积供应紧张的状态下，高效合理地利用建设用地，以最佳的用地比例进行生产生活。

（二）政策建议

1. 加强土地宏观调控政策，合理布局土地利用结构

科学确定土地供应规模，通过土地宏观政策调控，完善土地使用的税收政策。制定合理的建设用地土地有偿使用费缴纳标准和耕地占用税征收标准。在土地利用总体规划中纳入碳减排指标，在供应审核中也应考虑此指标，以政策约束引导产业朝着低碳化发展。在地方政府政绩考核中，要添加碳排放指标，不同用地类型上要增设不同程度的碳指标，制定相应的规范，使得企业有所依据，努力实现低碳的产业发展。

2. 建立不同行业的能耗、碳排放规范制度

建立不同行业之间的碳排放最低标准，鼓励耗能企业改进设备，加大低碳设备的更新力度。由于节能装备成本较高，应出台一些对企业利用节能装备的补贴制度。加快完善碳排放权交易市场。加快环保行业的建立，在市场范围内支持国家减排的行动。第三产业所产生的能耗呈上升趋势，北京市第三产业占比在不断增加，第三产业的能源消耗量虽远小于第二产业，但是第三产业规模的增大导致的能源消耗量总量的增加也不可忽视，应出台针对第三产业能耗的规范制度。

3. 进一步完善能源政策，促进节能减排

制定科学的可再生能源开发利用规划，建立可再生能源开发利用监测和评价制度，研究和完善促进可再生能源开发利用的体制机制。制定高效的煤炭利用计划，进一步提高煤炭清洁高效利用水平，有效缓解资源环境压力。加快新能源技术革新，提高能源利用效率，制定可行的新能源扶持政策。对于新能源技术的研发要重点扶持，加大对太阳能、生物能、风力发电等清洁能源的研发投入和技术支持。汽车尾气也是 CO_2 的来源之一，对于新能源汽车的研发将是一次重大技术革新，必将会大大减少交通用地的碳排放。

五、完善生态补偿机制

北京市的生态补偿机制涉及多个方面，包括生态公益林、湿地、农田以及水源地等不同类型的生态系统。这些补偿机制旨在通过经济激励来保护和改善生态环境。北京市人民政府于 2004 年 8 月 18 日发布《关于建立山区生态林补偿机制的通知》(京政发〔2004〕25 号)，提出自 2004 年开始实施生态公益林补偿政策，以促进山区生态公益林的发展和保护。根据研究，北京市的生态公益林补偿标准因区域差异而有所不同，例如延庆区和怀柔区的补偿标准较高，而中心城区和房山区的补偿标准较低。全市平均补偿标准为 1265 元 / 公顷 / 年，这与现行的山区生态林补偿标准相当（盛文萍等，2019）。北京市还对湿地生态系统进行补偿，以确保湿地的有效保护。有研究指出，合理的湿地生态补偿标准应为 2.73×10^4~4.84×10^4 元 / 公顷 / 年，并建议结合地区特征制定差异化的湿地生态补偿标准（陈科屹等，2021）。

京津冀协同发展背景下，北京市参与了跨区域的生态补偿机制（王瑞娟等，2021）。例如，在水源涵养和风沙源防治等领域，京津冀地区实施了横向生态补偿，但补偿范围较窄，补偿依据和标准不够明确。北京市的生态补偿政策不仅影响生态保护效果，还对农民收入产生直接影响。研究发现，生态补偿政策从直接和间接两个层面影响农民增收，现行模式单一且补偿标准存在缺陷，需要构建多元化的生态保护补偿机制（关若瑶等，2024）。

北京市的生态补偿机制在促进生态环境保护和改善方面发挥了重要作用，但仍需进一步完善和优化，以实现更有效的生态保护和可持续发展。

第六章

结论与展望

第一节　研究结论

本书采用了跨学科的研究方式，从2001—2020年北京市土地利用变化的视角，深入分析土地利用数量和结构的时空变化特征，对其产生的碳源、碳汇进行定量核算，分析其影响因素及碳排放效应；探讨碳中和目标下的土地利用结构优化，建立土地利用结构优化模型，提出碳中和目标下的土地利用结构优化方案。

研究显示，2001—2020年北京市耕地减少了18.28%，建设用地增加了17.72%，约13.53%的耕地转变为建设用地，耕地类型转变为建设用地是北京市在2001—2020年中发生的最主要的土地利用变化。城中心的绿色空间（包括林地、草地和湿地）发生了显著变化，湿地面积增加了600%，显示城区生态环境改善明显。人口增长和第三产业GDP的上升是北京市在2001—2020年建设用地变化的主要驱动力。北京市土地利用程度较高，且由西北山区向东南平原地区呈现出明显的空间差异和类型多样性，土地利用结构处于较为均衡的状态。

2001—2020年，北京市年碳排放量是年碳吸收量的5~7倍，净碳收支呈现先增长后下降的趋势，由2001年的1773.04万吨增长到2007年的2540.32万吨，再降至2020年的1232.00万吨，表明北京市在2007—2011年已基本实现碳达峰。各区净碳排放的空间差异显著，朝阳区和通州区净碳排放量占比超过14%以上，为重度碳排放区。在碳排放强度方面，中心城区与外围区域差异明显，中心城区仍然是碳排放最密集、强度最大的区域。对碳排放贡献最大的是人口规模效应，贡献率达84.23%，土地产出强度效应则对碳排放产生负向驱动作用，贡献率为–41.03%。通过优化产业结构和提高能源利用效率等减排措施，成功地减少了能源强度和碳排放，在一定程度上实现了经济增长与碳排放的脱钩。采用线性规划法，以碳平衡的优化目标为约束条件，构建基于碳储量最大化和碳排放量最小化为目标的土地利用优化模型，并提出碳增汇和碳减排目标下土地利用调控的建议。

本书形成了一套土地利用变化监测—碳核算—效应分析—减排潜力—结构优化的理论体系和方法研究，研究成果为北京市国土空间规划与整治、生态环境修复与改善提供了科学的依据。

一、土地利用数量和结构变化分析

利用 GEE 云平台提供的长时间序列 Landsat 存档遥感影像数据，获取了北京市 2001—2020 年连续的土地利用及其变化信息，揭示其不同土地利用类型之间数量和结构的转化情况，北京市 2001—2020 年的耕地减少了 18.28%，表明在城市化进程中，北京市中心城区的耕地面积显著减少，大量耕地转化为建设用地，尤其是城市中心城区北部边缘；城市扩展速度加快，建设用地增加了 17.72%，城市扩展区的土地利用强度较高；林地、灌木林和草地面积维持不减少且略有所增加；城中心的绿色空间（包括林地、草地和湿地）发生了显著变化，湿地面积增加显著，增长了 600%，显示北京市城区生态环境改善明显，更加宜居。

根据北京市各类型土地利用在 2001—2020 年的动态度分析，耕地动态度呈现出明显的减少趋势，以年均速 37.98 平方千米 / 年逐年减少，共计减少了 759.78 平方千米，其中在 2016—2020 年有减少加速的迹象，减少了 249.43 平方千米，占比 32.83%；建设用地面积则持续增加，以年均速 21.78 平方千米 / 年逐年增加，共计增加了 436.51 平方千米，其中在 2016—2020 年增加较多，增加了 128 平方千米；同时林地、草地、湿地面积有所增加，这种变化反映了北京市在经济发展和城市建设过程中对土地资源的重新配置和利用。

根据土地利用类型变化转移桑基图分析，2001—2020 年耕地和建设用地的流线最为密集，表明从耕地类型转变为建设用地类型是北京市 2001—2020 年发生的最主要的土地利用变化，城市扩张占用了大量耕地，约 13.53% 的耕地转变为建设用地。

北京市土地利用强度指数维持在 2.56，在 2001—2020 年没有波动，显示土地集约利用程度较高，综合效益较好；土地利用程度较高，且呈现出明显的空间差异和类型多样性，2001—2020 年土地利用程度指数维持在 255.28~256.06，变化较小；土地利用空间结构特征呈现较为显著的区域差异，由西北山区向东南平原地区土地利用程度指数和多样化指数逐渐增大。经济密度较高的区域主要集中在高等经济密度区，这些区域呈现出较聚集、组团的空间形态。

利用每五年土地利用结构的信息熵、均衡度和优势度分析，北京市土地利用结构的变化趋势相对稳定且稳中缓慢上升，2001—2020 年，北京市城区扩张导致土地利用结构的变化明显加大。但整体而言，土地利用结构相对均衡，并且有向更均衡的态势发展。

根据北京市城市扩张的驱动力分析，2001—2020 年，人口增长和经济发展是导致城市用地持续增加和土地利用结构变化的主要因素，具体分析结果显示，人口增长和第三产业 GDP 的上升是北京市在 2001—2020 年建设用地变化的主要驱动力。

二、土地利用的碳排放核算及效应分析

依据 2001—2020 年碳排放核算结果，北京市碳排放总量变化趋势分两个阶段，第一阶段由 2001 年的 2088.74 万吨增长到 2007 年的 2858.49 万吨，第二阶段表现为下降趋势，降至 2020 年的 1554.33 万吨，2001—2020 年，碳排放量呈现先增长后下降的趋势。从碳排放量结构看，能源消耗仍然是碳排放的主要来源，占比 80%~90%，且占比呈现增加的趋势；其他碳排放源主要来自工业生产、废弃物和农业活动等，占比约 10%，其中工业生产和废弃物呈现出此消彼长的不同发展趋势，工业生产呈现减少的发展态势，尤其是 2010 年后出现断层式减少；而废弃物的碳排放呈现稳步增长的态势，尤其近五年增长趋势有所加快。

碳吸收总量变化趋势呈现缓步增长的趋势，由 2001 年的 315.70 万吨增长到 2020 年的 322.34 万吨，2001—2020 年，年均增长量仅为 0.332 万吨。北京净碳收支变化趋势呈现出和碳排放相似的发展趋势，但每年的碳排放量是碳吸收量的 5~7 倍，比重较大。净碳收支呈现先增长后下降的趋势，表明北京市在 2007—2011 年已基本实现碳达峰。从碳吸收结构看，林地和灌木是碳吸收的主要来源，二者占碳吸收总量的 70% 以上，且占比呈现增加的趋势；其他碳吸收源主要来自耕地、草地、湿地、水域和未利用地等，占比约 30%，其中耕地碳吸收量呈现缓慢下降的趋势，其他土地

利用类型的碳吸收量则相对稳定。

根据2001—2020年碳收支核算结果，北京市年碳排放量是年碳吸收量的5~7倍，净碳收支变化趋势呈现出和碳排放相似的发展趋势。净碳收支发展趋势的第一阶段由2001年的1773.04万吨增长到2007年的2540.32万吨，第二阶段表现为下降趋势，降至2020年的1232.00万吨，2001—2020年净碳收支呈现先增长后下降的趋势，表明北京市在2007—2011年间已基本实现碳达峰。

北京市各区净碳排放的空间差异显著，利用净碳收支的占比为指标，可将其划分为四个等级，朝阳区和通州区净碳排放量占比超过14%以上，为重度碳排放区；顺义区、昌平区、房山区和海淀区净碳排放量占比在8%~10%，为中度碳排放区；大兴区和丰台区净碳排放量占比在5%~7%，为轻度碳排放区；密云区、延庆区、怀柔区、平谷区、门头沟区、石景山区、西城区和东城区等净碳排放量占比在5%以下，为微度碳排放区。各区的地均碳排放强度方面充分体现了中心城区与外围区域的差异，中心城区仍然是碳排放最密集、强度最大的区域，主要是中心城区的高人口密度和高经济活动水平，建筑密度高，商业和居住功能混合，导致能源消耗和交通排放量较大，碳排放强度相应比较大。

根据2020年度净碳排放强度分析，北京市地均碳排放强度、人均碳排放强度和单位GDP碳排放强度分别为750.76吨/平方千米、5640.26吨/万人和0.0281吨/万元。从各区比较来看，地均碳排放强度最高为西城区的4076.30吨/平方千米，最低为延庆区的175.48吨/平方千米，得益于该区作为北京市的生态涵养区，有较低的工业活动和较高的植被覆盖率；人均碳排放强度最高为延庆区的10084.94吨/万人，最低为西城区的1866.83吨/万人；单位GDP碳排放强度最高为延庆区的0.1511吨/万元，最低为西城区的0.0036吨/万元。

地均碳排放强度方面，中心城区与外围区域差异显著，除门头沟区、房山区、怀柔区、平谷区、密云区和延庆区等，其他区均高于全市平均水平，其中城市核心区（西城区、东城区、海淀区、石景山区、丰台区、通州区）远高于全市平均水平，说明中心城区仍然是高密集、高强度的碳排放区域。人均碳排放强度方面，延庆区、通州区、怀柔区、顺义区、密云区、平谷区和门头沟区高于全市平均水平，其中人口集聚、面积较小的区域人均碳排放强度低于全市平均水平。单位 GDP 碳排放强度方面，延庆区、通州区、密云区和房山区远高于全市平均水平，平谷区、门头沟区、怀柔区、昌平区、顺义区和丰台区明显高于全市平均水平，其他区则低于全市平均水平。

碳吸收生态承载力（ESC）反映了北京市在碳吸收和碳排放方面的平衡状态，是衡量其生态碳汇能力的重要指标。2001 年至 2020 年，北京市 ESC 呈现出缓慢上升的态势，从 0.11 上升到 0.35，平均水平为 0.24，表明北京市碳吸收能力得到了增强，生态承载有增长的潜力，但总量有限。碳排放经济贡献（ECC）是一个衡量碳排放与经济增长之间关系的指标，它反映了经济增长对碳排放的依赖程度。北京市 ECC 呈现出与 ESC 相同的缓慢上升的态势，从 1.74 增长到 6.81，平均水平为 4.05，表明北京市通过优化产业结构和提高能源利用效率等减少碳排放的措施，成功地减少了能源强度和碳排放，实现了经济增长与碳排放的脱钩。

三、土地利用的碳效率分析及碳减排潜力分析

利用 LMDI 对数分解法，选取五个因子（即能源消费结构、土地产出强度、用地结构、经济增长和人口规模效应等）分析各影响因子对碳排放变化的贡献率，从而对 2001—2020 年北京市土地利用碳排放影响进行分阶段的分析。在这五个碳排放驱动因素中，经济增长和人口规模是正向效应的驱动因素，而能源消费结构、土地产出强度、用地结构则是负向效应的驱动因素。从这些因素的贡献率可以看出，人口规模效应对碳排放正向驱动作用最大，贡献率达 84.23%，而土地产出强度效应则对碳排放的负向驱动作用最大，贡献率达 –41.03%。

北京市能源强度效应对减少 CO_2 排放的作用明显，土地产出强度效应仍需改善，需要加快新能源和节能环保新技术的推广应用；影响北京碳排放增加的主要驱动因素是人口规模效应与经济增长，人口增长和经济的快速发展是刺激能源消费增长的主因。

北京市土地利用碳减排潜力评价分析涉及土地利用结构转换、生态系统服务价值、碳储量时空演变、农业用地碳储量变化、土地利用结构优化以及城市节能与碳减排政策等多个方面。土地利用结构转换对碳排放有显

著影响，耕地向建设用地、林地和草地的转换导致碳排放量增加，建设用地的扩张是碳源增加的决定性因素；农业用地碳储量增加对土地利用变化有积极响应，控制农业用地面积减少量和优化农业用地内部结构，可以提高农业用地碳储量；低碳发展目标下土地利用结构优化与生态系统服务价值正向效应，严控东南部平原区耕地面积减少和建设用地扩张的趋势，增加西北部山区的林地面积，有助于提升生态系统服务价值；土地利用结构优化可以促进增汇减排，是实现碳减排的重要途径。

四、土地利用结构优化的对策和建议

采用线性规划法，以碳平衡的优化目标为约束条件，结合不同土地利用结构的碳效应评估结果，合理安排各土地利用类型的空间比例；构建不确定条件下的土地利用结构优化配置模型，模拟和制定土地利用结构优化的发展目标；针对存在的问题，提出有效实现碳中和目标的土地利用结构优化的措施和建议，以促进北京市土地利用结构调整和优化配置。

利用各变量的约束条件和目标函数进行优化计算，得到两组优化方案。基于碳储量最大化的优化结果中林地和建设用地面积有不同程度的增加，林地增加的幅度较大。耕地、草地、未利用地面积有不同程度的减少，耕地、草地减少的幅度较大；以碳排放量最小化为目标的土地利用优化，同第一种方案相同的是林地和建设用地都有所增加，只是林地增加的面积多于第一种方案增加的面积，耕地、草地、未利用地面积有所减少，其他土地未发生变化。

碳增汇目标下土地利用调控建议：①优化土地利用结构，增加具有碳汇能力的土地利用类型数量；②加强农田生态系统管理，调整农业用地种植结构；③通过调整植被覆盖面积，提升植被初级生产力等措施来提升土地利用的碳增汇。政策上落实耕地保护，促进低碳农业发展；完善林地保护；扩大生态用地，出台保护生态用地措施等。

碳减排目标下土地利用调控建议：①控制建设用地扩张，提高土地集约利用程度；②合理布局建设用地内部结构等措施，达到土地利用的碳减排。政策上需要加强土地宏观调控，合理布局土地利用结构；建立不同行业的能耗、碳排放规范制度；进一步完善能源能耗，促进节能减排。

第二节 存在问题和不足

一、时序土地利用数据不足

土地利用数据的缺乏和管理平台的不完善是当前研究中的一个关键问题。例如，缺乏统一的土地利用碳源和碳汇核算方法，以及动态评估系统。此外，北京市在土地利用规划中尚未形成系统性的碳效应优化路径，这限制了土地利用优化策略的科学性和有效性。本书利用了 2001—2020 年逐年度土地利用遥感监测数据，研究时间序列不包含 20 世纪八九十年代的数据，从而对研究结果的分析可能存在一定的影响。

二、碳核算的准确性有待进一步提高

本书对碳排放量的计算是基于土地利用数据的直接法和间接法进行估算的，如何将能源消费行业和土地利用类型相对应是本书的难点问题，由于数据获取问题，像交通、居民生活和其他服务行业的碳排放量估算不足，结果可能并不完善。对于更细化的二级土地利用类型，像采矿用地、交通用地、农村用地、建筑用地等还需要深入研究。以期为北京市区域社会经济的低碳发展提供有效的分析成果。此外，由于数据收集的局限性，对于更小区域尺度的地区仅有能源消费总量值，未统计碳排放与碳吸收量，这是需要以后加强改进的地方，以便对各个区的具体问题提出有针对性的准确分析成果。

三、土地利用规划与政策存在冲突

北京市在实现碳中和目标的过程中，土地利用政策与碳减排目标之间存在一定的矛盾。一方面，严格的土地用途管制政策限制了土地利用的灵活性。另一方面，碳中和目标要求增加森林、草地等生态用地以提升碳汇能力。这种矛盾使得土地利用规划在执行过程中面临挑战，例如，城市更新项目分散且缺乏统筹，以及土地用途转换路径不清晰等。北京市的土地利用变化直接影响碳循环和碳排放。例如，耕地和林地的减少导致碳汇能力下降，而建设用地的扩张则成为主要的碳排放源，其不合理布局进一步加剧了碳排放问题，如工业用地扩张和低效用地未得到有效治理。尽管北京市通过政策调整减少了建设用地规模，但其对生态环境的影响仍然显著，如耕地减少、草地转为建设用地等。

四、区域协调与多目标优化研究存在困难

北京市土地利用结构优化需要考虑城乡统筹、区域协调发展等多方面因素。然而，由于不同区域间的经济发展水平、资源禀赋和生态环境条件差异较大，如何制定兼顾经济、生态和社会公平的多目标优化策略仍是一个难题。在土地利用结构优化模型的建立上，约束条件的设置对模型的准确性有很大影响，所以在设定自变量的取值范围时，应该考虑得更加全面，范围约束得越精准结果才会越可靠。

第三节　研究展望

一、把握碳中和目标下的土地利用策略

为了实现碳中和目标，北京市采取的土地利用策略是严格控制建设用地规模、增加生态用地比例、优化农业用地结构、推动绿色交通和发展低碳建筑。通过限制建设用地扩张，可以减少对耕地和生态用地的侵占，从而降低碳排放。通过增加绿地、林地和湿地面积，提升生态系统服务功能，增强碳汇能力。研究表明，在低碳发展情景下，北京市西北部山区的林地面积显著增加。此外，减少低效农业用地，可以提高耕地质量，促进农业碳汇能力的提升。减少交通和建筑领域的碳排放是实现碳中和的重要途径。

二、加强研究方法与政策贴合度

实现土地利用结构优化需要政策和技术的双重支持。政策支持方面，北京市政府已出台多项政策，如“1+N”碳达峰行动方案、建设用地减量控制政策等。这些政策为土地利用结构优化提供了制度保障。技术创新方面，如碳捕集利用与封存技术的应用，可进一步提高土地利用系统的碳中和能力。此外，基于遥感和 GIS 技术的土地利用监测系统也为土地利用优化提供了数据支持。

三、仍需加强研究的方面

尽管已有大量研究探讨了北京市土地利用结构优化问题，但仍存在需要加强研究的方面。首先，加强系统性研究，本书多聚焦于单一维度（如碳排放或生态效益），缺乏系统性框架来综合考虑经济、社会、生态等多方面因素。其次，深化跨类型协同研究，不同类型（如区域、城市、乡村）的土地利用优化协同路径尚未明确。最后，强化新技术的应用，如碳捕集利用与封存技术在实际应用中的成本和复杂性仍需进一步研究。

在碳中和目标下，北京市土地利用结构优化研究应以提升生态系统服务功能为核心，结合多目标优化模型和先进技术手段，制定科学合理的土地利用规划。同时，需加强政策支持和技术推广力度，推动土地利用结构向低碳、高效、可持续方向发展。这不仅有助于实现北京市的碳中和目标，也将为其他城市提供宝贵的经验借鉴。

参考文献

［1］安静．长沙市生态需求评价及土地利用结构优化研究［D］．长沙：湖南师范大学，2019.

［2］白文静，刘淑英，王平，等．基于灰色多目标线性规划的武威市古浪县土地利用结构优化研究［J］．中国集体经济，2019（21）：6–8.

［3］蔡苗苗，吴开亚．上海市建设用地扩张与土地利用碳排放的关系研究［J］．资源开发与市场，2018，34（4）：499–505.

［4］蔡运龙．土地利用/土地覆被变化研究：寻求新的综合途径［J］．地理研究，2001（6）：645–652.

［5］曹博文，杨现坤，邱俊良．基于 Google Earth Engine 的遥感大数据分析研究进展与应用［J］．地理空间信息，2021，19（4）：6+13–19.

［6］曹颖，郑晓奇，刘强．城镇化模式与低碳发展的关联分析——以石家庄市为例［J］．气候变化研究进展，2020，16（2）：223–231.

［7］柴旭荣，李明，周义，等．影像的土地覆被快速分类［J］．遥感技术与应用，2020，35（2）：1–11.

［8］陈兵飞．基于 FLUS 模型的万州区土地利用变化模拟及土地利用结构优化研究［D］．重庆：西南大学，2020.

［9］陈广生，田汉勤．土地利用/覆盖变化对陆地生态系统碳循环的影响［J］．植物生态学报，2007（2）：189–204.

［10］陈科屹，邱胜荣，赵晓迪，等．北京市湿地生态补偿标准研究［J］．生态学报，2021，41（12）：4786–4794.

［11］陈嘉诚，罗志军，罗媛．基于低碳导向的南昌市土地利用模拟与优化调控研究［J］．水土保持通报，2023，43（5）：365–373.

［12］陈军，廖安平，陈晋，等．全球 30m 地表覆盖遥感数据产

品 -GlobeLand30［J］. 地理信息世界，2017（1）：1-8.
［13］陈龙高，王欣瑶，吉莉，等. 基于系统动力学的国土空间规划碳效应评估——以江苏省为例［J］. 资源科学，2024，46（11）：2225-2236.
［14］陈世苹，游翠海，胡中民，等. 涡度相关技术及其在陆地生态系统通量研究中的应用［J/OL］. 植物生态学报，2020，44（4）：14.DOI：10.17521/cjpe.2019.0351.
［15］陈彦光，刘继生. 城市土地利用结构和形态的定量描述：从信息熵到分数维［J］. 地理研究，2001（2）：146-152.
［16］陈艺，陈银蓉，陈坤，等. 中国城市土地利用碳赤字异质性特征及驱动因素的多维解析［J］. 农业工程学报，2024，40（24）：245-255.
［17］陈迎. 碳中和概念再辨析［J］. 中国人口·资源与环境，2022，32（4）：1-12.
［18］董品杰，赖红松. 基于多目标遗传算法的土地利用空间结构优化配置［J］. 地理与地理信息科学，2003（6）：52-55.
［19］杜玲，陈阜，张海林，等. 基于博弈论模型的北京市农田生态补偿政策研究［J］. 中国农业大学学报，2010，15（1）：89-94.
［20］杜鹏程，洪宇. 碳中和实现途径与政策选择——基于空间溢出效应的视角［J］. 中国人口·资源与环境，2022，32（9）：35-46.
［21］方精云，郭兆迪，朴世龙，等.1981 ~ 2000 年中国陆地植被碳汇的估算［J］. 中国科学（D 辑：地球科学），2007（6）：804-812.
［22］封永刚，彭珏，邓宗兵，等. 面源污染、碳排放双重视角下中国耕地利用效率的时空分异［J］. 中国人口·资源与环境，2015，25（8）：18-25.
［23］冯杰，张胜，王涛. 中国省际土地利用碳排放及其影响因素分析［J］. 统计与决策，2019，35（5）：141-145.
［24］付甜梦，张丽，陈博伟，等. 基于 GEE 平台的海岛地表覆盖提取及变化监测——以苏拉威西岛为例［J］. 遥感技术与应用，2021，36（1）：55-64.
［25］高霁，杜章留，张爱平. 土地利用变化与生物能源的模拟研究：基于气候变化综合评估视角［M］. 北京：科学出版社，2018.
［26］高奉先. 我国省域能源效率与节能减排潜力研究［D］. 北京：华北

电力大学，2016.

［27］葛全胜，戴君虎，何凡能，等 . 过去 300 年中国土地利用、土地覆盖变化与碳循环研究［J］. 中国科学（D 辑：地球科学），2008（2）：197–210.

［28］关若瑶，何忠伟 . 北京生态保护补偿政策影响农民增收研究［J］. 北京农学院学报，2024，39（4）：88–92.

［29］韩骥，周翔，象伟宁 . 土地利用碳排放效应及其低碳管理研究进展［J］. 生态学报，2016，36（4）：1152–1161.

［30］郝志新，李侠祥，郑景云，等 . 国家自主减排贡献与实现 2℃温控目标的差异性分析［J］. 科学通报，2020，65（10）：865–874.

［31］何艳秋，倪方平，钟秋波. 中国碳排放统计核算体系基本框架的构建［J］. 统计与信息论坛，2015，30（10）：30–36.

［32］胡云锋，商令杰，张千力，等 . 基于 GEE 平台的 1990 年以来北京市土地变化格局及驱动机制分析［J］. 遥感技术与应用，2018，33（4）：573–583

［33］胡志宇 . 碳中和的关键问题与颠覆性技术［M］. 北京：清华大学出版社，2023.

［34］胡宗楠，李鑫，楼淑瑜，等 . 基于系统动力学模型的扬州市土地利用结构多情景模拟参考文献与实现［J］. 水土保持通报，2017，37（4）：211–218.

［35］胡宗义，唐李伟，苏静. 省域碳排放强度的收敛性与动态演进［J］. 资源科学，2015，37（1）：142–151.

［36］黄海 . 基于改进粒子群算法的低碳型土地利用结构优化——以重庆市为例［J］. 土壤通报，2014，45（2）：303–306.

［37］黄怀玉，唐园清，龚直文，等 . 基于 STIRPAT–GWR 模型的重庆市土地利用碳排放动态演进及影响因素［J］. 环境工程技术学报，2024，14（4）：1195–1205.

［38］黄贤金，张秀英，卢学鹤，等 . 面向碳中和的中国低碳国土开发利用［J］. 自然资源学报，2021，36（12）：2995–3006.

［39］赖力，黄贤金，等 . 中国土地利用的碳排放效应研究［M］. 南京：南京大学出版社，2011.

［40］赖力．中国土地利用的碳排放效应研究［D］．南京：南京大学，2010.
［41］黎孔清，李烨．江苏省徐州市土地利用碳排放特征及脱钩效应研究［J］．农村经济与科技，2017，28（5）：35–39.
［42］李超，张凤荣，宋乃平，等．土地利用结构优化的若干问题研究［J］．地理与地理信息科学，2003（2）：52–55+59.
［43］李国煜，王嘉怡，曹宇，等．碳排放约束下的福建省城镇建设用地利用效率动态变化与影响因素［J］．中国土地科学，2020，34（4）：69–77.
［44］李国璋，霍宗杰．中国全要素能源效率、收敛性及其影响因素：基于1995—2006年省际面板数据的实证分析［J］．经济评论，2009（6）：101–109.
［45］李颖，黄贤金，甄峰．江苏省区域不同土地利用方式的碳排放效应分析［J］．农业工程学报，2008，24（S2）：102–107.
［46］李迎春，林而达，甄晓林．农业温室气体清单方法研究最新进展［J］．地球科学进展，2007（10）：1076–1080.
［47］李晓兵．国际土地利用—土地覆盖变化的环境影响研究［J］．地球科学进展，1999（4）：395–400.
［48］李鑫，李宁，欧名豪．土地利用结构与布局优化研究述评［J］．干旱区资源与环境，2016，30（11）：103–110.
［49］李玉强，赵哈林，陈银萍．陆地生态系统碳源与碳汇及其影响机制研究进展［J］．生态学杂志，2005（1）：37–42.
［50］李正才．土地利用变化对土壤有机碳的影响［D］．北京：中国林业科学研究院，2006.
［51］刘丙泉，李雷鸣，宋杰鲲．中国区域生态效率测度与差异性分析［J］．技术经济与管理研究，2011（10）：3–6.
［52］刘春英，曹依，王骏博，等．土地利用隐性形态对碳排放的影响研究——以长江中游城市群为例［J］．土壤通报，2024，55（6）：1543–1554.
［53］刘慧灵，伍世代，韦素琼，等．基于低碳经济导向的土地利用结构优化研究——以福建省福州市为例［J］．水土保持通报，2017，37

（6）：202–208.
［54］刘纪远，匡文慧，张增祥，等 . 20 世纪 80 年代末以来中国土地利用变化的基本特征与空间格局［J］. 地理学报，2014，69（1）：3–14.
［55］刘凯，彭力恒，李想，等 . 基于 Google Earth Engine 的红树林年际变化监测研究［J］. 地球信息科学学报，2019，21（5）：731–739.
［56］刘美 . 基于生态足迹法的武汉城市圈土地利用结构优化配置研究［D］. 武汉：华中农业大学，2014.
［57］刘倩，赵普生. 十五个主要碳排放国碳排放与经济增长实证分析与比较研究［J］. 经济问题探索，2012（2）：137–144.
［58］刘荣霞，薛安，韩鹏，等 . 土地利用结构优化方法评述［J］. 北京大学学报（自然科学版），2005，41（4）：655–661.
［59］刘生龙，张捷. 空间经济视角下中国区域经济收敛性再检验——基于 1985—2007 年省级数据的实证研究［J］. 财经研究，2009，35（12）：16–26.
［60］刘晔，陈银蓉，袁凯华，等 . 城市土地利用碳减排潜力研究——以北京市为例［J］. 资源开发与市场，2019，35（5）：638–645+699.
［61］卢露 . 碳中和背景下完善我国碳排放核算体系的思考［J］. 西南金融，2021（12）：15–27.
［62］陆旸，郭艺扬 . 碳中和相关问题研究综述与展望［J］. 北京工业大学学报（社会科学版），2024，24（1）：116–134.
［63］吕丽汀，王龙，赵建莉. 温室气体排放量化换算系数的研究［J］. 山东建筑大学学报，2013，28（3）：244–249.
［64］蒋金荷 . 中国碳排放量测算及影响因素分析［J］. 资源科学，2011，33（4）：597–604.
［65］姜群鸥，邓祥征，战金艳，等 . 黄淮海平原耕地转移对植被碳储量的影响［J］. 地理研究，2008（4）：839–846+975.
［66］马大来，陈仲常，王玲. 中国省际碳排放效率的空间计量［J］. 中国人口 · 资源与环境，2015，25（1）：67–77.
［67］马晓哲，王铮 . 土地利用变化对区域碳源汇的影响研究进展［J］. 生态学报，2015，35（17）：5898–5907.
［68］蒙莉娜，郑新奇 . 区域土地利用动态变化分析的新方法研究——以北

京市为例［C］.2008年中国土地学会学术年会论文集，会议论文集：284–295.
［69］欧阳志云，李小马，徐卫华，等．北京市生态用地规划与管理对策［J］．生态学报，2015，35（11）：3778–3787.
［70］潘家华．碳排放交易体系的构建、挑战与市场拓展［J］．中国人口·资源与环境，2016，26（8）：1–5.
［71］彭文英，张科利，杨勤科．退耕还林对黄土高原地区土壤有机碳影响预测［J］．地域研究与开发，2006（3）：94–99.
［72］钱敏，濮励杰，朱明，等．土地利用结构优化研究综述［J］．长江流域资源与环境，2010，19（12）：1410–1415.
［73］秦岩，於冉，於忠祥，等．2000—2018年长三角中心区土地利用碳排放强度的时空特征［J］．河南农业大学学报，2021，55（1）：132–140.
［74］曲福田，卢娜，冯淑怡．土地利用变化对碳排放的影响［J］．中国人口·资源与环境，2011，21（10）：76–83.
［75］单卓然，黄亚平．跨省域低碳城市群健康发展策略初探——以长江中游城市群为例［J］．现代城市研究，2013（12）：102–106.
［76］盛文萍，甄霖，肖玉．差异化的生态公益林生态补偿标准——以北京市为例［J］．生态学报，2019，39（1）：45–52.
［77］孙雷刚，刘剑锋，徐全洪，等．环京津区域城市碳排放效应及时空格局分析［J］．地理与地理信息科学，2016，32（4）：113–118.
［78］孙岩，张昱，刘学敏．北京市交通碳排放的驱动因素分析——基于城市发展视角［J］．城市与环境研究，2020（1）：81–95.
［79］孙艳芳．河南省碳源碳汇时空变化研究［D］．郑州：河南大学，2015.
［80］田云，张俊飚，李波．中国农业碳排放研究：测算、时空比较及脱钩效应［J］．资源科学，2012，34（11）：2097–2105.
［81］王丽丽，宋长春，葛瑞娟，等．三江平原湿地不同土地利用方式下土壤有机碳储量研究［J］．中国环境科学，2009，29（6）：656–660.
［82］王庆日，郎海鸥，仲济香，等．2019年土地科学研究重点进展评述及2020年展望［J］．中国土地科学，2020，34（1）：79–91.

[83] 王瑞娟，彭文英，刘丹丹．共建共治共享视角下京津冀城市生态补偿研究［J］．生态环境学报，2021，30（5）：1103–1110.

[84] 王小娜，田金炎，李小娟，等.Google Earth Engine 云平台对遥感发展的改变［J］．遥感学报，2022，26（2）：299–309.

[85] 王万茂，但承龙．海门市土地利用结构优化研究［J］．国土与自然资源研究，2003（1）：44–46.

[86] 王铮，朱永彬．我国各省区碳排放量状况及减排对策研究［J］．中国科学院院刊，2008（2）：109–115.

[87] 魏心雨，王雁杰，孙梦媛，等．基于土地利用结构变化的河南省碳排放时空格局及驱动力分析［J］．农业现代化研究，2023，44（5）：881–891.

[88] 魏燕茹，陈松林．福建省土地利用碳排放空间关联性与碳平衡分区［J］．生态学报，2021，41（14）：5814–5824.

[89] 吴立军，田启波．碳中和目标下中国地区碳生态安全与生态补偿研究［J］．地理研究，2022，41（1）：149–166.

[90] 吴敬东，程金花，胡晓静，等．南水北调来水对密云水库库滨带生态影响研究［J］．北京水务，2018（6）：58–62.

[91] 吴晓辉，吴钢，潘轲旻，等．南水北调来水对密云水库水质和水生生物影响的预测分析［J］．北京水务，2015（6）：4–6.

[92] 吴贤荣，张俊飚，田云，等．中国省域农业碳排放：测算、效率变动及影响因素研究——基于 DEA Malmquist 指数分解方法与 Tobit 模型运用［J］．资源科学，2014，36（1）：129–138.

[93] 谢帅．中分辨率地表覆盖时序分类方法与应用研究［D］．北京：中国科学院大学，2021.

[94] 徐冠华，葛全胜，宫鹏，等．全球变化和人类可持续发展：挑战与对策［J］．科学通报，2013，58（21）：2100–2106.

[95] 许恒周，郭玉燕，陈宗祥．土地市场发育、城市土地集约利用与碳排放的关系——基于中国省际面板数据的实证分析［J］．中国土地科学，2013，27（9）：26–29.

[96] 许广月，宋德勇．中国碳排放环境库兹涅茨曲线的实证研究：基于省域面板数据［J］．中国工业经济，2010（5）：37–47.

［97］许小亮，欧名豪．基于线性优化模型的土地利用结构优化研究——以六安市为例［J］．国土与自然资源研究，2016（1）：43–46.
［98］邢秀为，李晓丹，黄鑫，等．中国土地利用碳排放空间特征演化研究［J］．资源开发与市场，2019，35（11）：1351–1361.
［99］谢守红，王利霞，邵珠龙．中国碳排放强度的行业差异与动因分析［J］．环境科学研究，2013，26（11）：1252–1258.
［100］严金明．简论土地利用结构优化与模型设计［J］．中国土地科学，2002（4）：20–25.
［101］杨国清，朱文锐，文雅，等．20年来广东省土地利用碳排放强度与效率空间分异研究［J］．生态环境学报，2019，28（2）：332–340.
［102］杨秀玉．中国农业碳排放的地区差异与收敛性分析［J］．湖北农业科学，2016，55（4）：1066–1072.
［103］杨玉盛，谢锦升，盛浩，等．中亚热带山区土地利用变化对土壤有机碳储量和质量的影响［J］．地理学报，2007（11）：1123–1131.
［104］姚尧，程文仕，焦云腾，等．以低碳为目标的正宁县土地利用结构优化［J］．国土与自然资源研究，2019（3）：30–33.
［105］伊科．生态效率理念、方法及其在区域尺度的应用［M］．北京：经济科学出版社，2015.
［106］游和远，吴次芳．土地利用的碳排放效率及其低碳优化——基于能源消耗的视角［J］．自然资源学报，2010，25（11）：1875–1886.
［107］游和远，吴次芳，沈萍．土地利用结构与能源消耗碳排放的关联测度及其特征解释［J］．中国土地科学，2010，24（11）：4–9.
［108］余德贵，吴群．基于碳排放约束的土地利用结构优化模型研究及其应用［J］．长江流域资源与环境，2011，20（8）：911–917.
［109］余泳泽．中国省际全要素生产率动态空间收敛性研究［J］．世界经济，2015，38（10）：30–55.
［110］于莉莉，孙立双，张丹华，刘淼，谢志伟，平晓莹．基于Google Earth Engine的环渤海地区土地覆盖分类［J］．应用生态学报，2020，31（12）：4091–4098.
［111］苑韶峰，唐奕钰．低碳视角下长江经济带土地利用碳排放的空间分异［J］．经济地理，2019，39（2）：190–198.

[112] 张海凤，崔桂善．土地利用/覆盖类型的变化对陆地生态系统碳收支的影响［J］．中国资源综合利用，2019，37（1）：176–179.

[113] 张俊华，李国栋，南忠仁，等．黑河中游不同土地利用类型下土壤碳储量及其空间变化［J］．地理科学，2011，31（8）：982–988.

[114] 张俊峰，张安录，董捷．武汉城市圈土地利用碳排放效应分析及因素分解研究［J］．长江流域资源与环境，2014，23（5）：595–602.

[115] 张赫，彭千芮，王睿，等．中国县域碳汇时空格局及影响因素［J］．生态学报，2020，40（24）：8988–8998.

[116] 张宏钧，徐启雄，丁衎然，等．北京大兴国际机场工程建设与运营筹备总进度综合管控探索与实践［J］．建筑经济，2020，41（5）：45–53.

[117] 张梅，赖力，黄贤金，等．中国区域土地利用类型转变的碳排放强度研究［J］．资源科学，2013，35（4）：792–799.

[118] 张思齐，陈银蓉．城市建设用地扩张与能源消耗碳排放相关效应［J］．水土保持研究，2017，24（1）：244–249.

[119] 张旺，申玉铭．北京市土地利用结构转换的碳排放效应分析［J］．技术经济与管理研究，2014（9）：110–114.

[120] 张维阳，段学军．经济增长、产业结构与碳排放相互关系研究进展［J］．地理科学进展，2012，31（4）：442–450.

[121] 张秀梅，李升峰，黄贤金，等．江苏省 1996 年至 2007 年碳排放效应及时空格局分析［J］．资源科学，2010，32（4）：768–775.

[122] 张有全，宫辉力，赵文吉，等．北京市 1990—2000 年土地利用变化机制分析［J］．资源科学，2007（3）：206–213.

[123] 张余，姜博，赵映慧．基于 VAR 模型的广东省土地利用碳排放影响因素研究［J］．福建农业学报，2022，37（8）：1100–1108.

[124] 赵荣钦，陈志刚，黄贤金，等．南京大学土地利用碳排放研究进展［J］．地理科学，2012，32（12）：1473–1480.

[125] 赵荣钦．城市系统碳循环及土地调控研究［M］．南京：南京大学出版社，2012.

[126] 赵荣钦，黄贤金，刘英等．区域系统碳循环的土地调控机理及政策框架研究［J］．中国人口·资源与环境，2014，24（5）：51–56.

［127］赵荣钦，黄贤金，揣小伟．中国土地利用碳排放的研究误区和未来趋向［J］．中国土地科学，2016，30（12）：83–92.
［128］赵荣钦，刘英．区域碳收支核算的理论与实证研究［M］．北京：科学出版社，2015.
［129］赵哲，陈建成，白羽萍，等．二氧化碳排放与经济增长关系的实证分析［J］．中国环境科学，2018，38（7）：2785–2793.
［130］赵先超，朱翔，周跃云．湖南省不同土地利用方式的碳排放效应及时空格局分析［J］．环境科学学报，2013，33（3）：941–949.
［131］赵雲泰，黄贤金，钟太洋，等.1999—2007 年中国能源消费碳排放强度空间演变特征［J］. 环境科学，2011，32（11）：3145–3152.
［132］揣小伟，黄贤金，赖力，等．基于 GIS 的土壤有机碳储量核算及其对土地利用变化的响应［J］．农业工程学报，2011，27（9）：1–6.
［133］揣小伟，黄贤金，郑泽庆，等．江苏省土地利用变化对陆地生态系统碳储量的影响［J］．资源科学，2011，33（10）：1932–1939.
［134］揣小伟．基于“碳中和”目标的土地利用研究进展与思考［J］．武汉大学学报（理学版），2025，71（1）：1–11.
［135］庄大方，刘纪远．中国土地利用程度的区域分异模型研究［J］．自然资源学报，1997（2）：105–111.
［136］周嘉，杨琳，董美娜，等．基于土地利用的哈尔滨市 2004—2012 年碳排放强度变化分析［J］．地理科学，2015，35（3）：322–327.
［137］周洪华，李卫红，杨余辉，等．干旱区不同土地利用方式下土壤呼吸日变化差异及影响因素［J］．地理科学，2011，31（2）：190–196.
［138］周五七，聂鸣．中国工业碳排放效率的区域差异研究：基于非参数前沿的实证分析［J］．数量经济技术经济研究，2012，29（9）：58–70.
［139］周勇，赵伟．西安市土地利用结构碳排放核算及低碳优化研究［J］．生态经济，2018，34（5）：21–25.
［140］邹珊珊，胡道华，王艳君．唐山市土地利用碳排放驱动因素分析［J］．湖南工业大学学报，2022，36（4）：62–69.
［141］诸大建，邱寿丰．生态效率是循环经济的合适测度［J］．中国人

口·资源与环境，2006（5）：1–6.

［142］Arowolo A O，Deng X，Olatunji O A，et al. Assessing changes in the value of ecosystem services in response to land–use/land–cover dynamics in Nigeria［J］.Science of The Total Environment，2018，636：597–609.

［143］Arévalo Paulo，Bullock E L ，Woodcock C E ，et al.A Suite of tools for continuous land change monitoring in google earth engine［J/OL］. Frontiers in Climate，2020，2：26.DOI：10.3389/fclim.2020.576740.

［144］Arino Gross D，Ranera F，Leroy M，Bicheron P，Brockman C，Defourny P，Vancutsem C，Achard F，Durieux L. GlobCover：ESA service for global land cover from MERIS. In，2007 IEEE international geoscience and remote sensing symposium：IEEE，2007：2412-2415.

［145］Azzari G，Lobell D. Landsat–based classification in the cloud：An opportunity for a paradigm shift in land cover monitoring［J］. Remote Sensing of Environment，2017，202：64–74.

［146］Bolin B. Changes of land biota and their importance for the carbon cycle［J］. Science，1977，196（4290）：613–615.

［147］Chen J，Cao X，Peng S，Ren H. Analysis and applications of Globe Land30：A review. ISPRS International Journal of Geo–Information，2017，6：230.

［148］Chen J，Chen J，Liao A，Cao X，Chen L，Chen X，He C，Han G，Peng S，Lu M. Global land cover mapping at 30 m resolution：A POK–based operational approach［J］. ISPRS Journal of Photogrammetry and Remote Sensing，2015，103：7–27.

［149］Christen A，Coops N，Kellett R，et al. A LiDAR–based urban metabolism approach to neighbourhood scale energy and carbon emissions modelling［R］. University of British Columbia，2010.

［150］Fang J Y，Chen A P，Peng C H，et al. Changes in forest biomass carbon storage in China between 1949 and 1998［J］.Science，2001，292（5525）：2320–2322.

后　记

本书依托北京市社会科学基金项目“碳中和目标下北京市土地利用结构优化研究”（项目编号：21JJB011），采用跨学科研究方式，从2001—2020年北京市土地利用变化视角，深入分析土地利用数量和结构时空变化特征，对其产生的碳源、碳汇进行定量核算，分析其影响因素及碳排放效应；探讨碳中和目标下的土地利用结构优化问题，建立土地利用结构优化模型，提出碳中和目标下北京市土地利用结构优化方案。

本书形成了一套土地利用变化监测—碳核算—效应分析—减排潜力—结构优化的理论体系，期待研究成果为北京市未来土地资源配置和生态环境改善提供科学决策依据。

关于碳中和目标下城市土地利用结构优化的研究很多，笔者在研究中参阅、借鉴和引用了许多专家学者的研究成果，并竭尽所能将其列入本书的参考文献。由于课题研究的繁杂，使笔者难以确保做到逐一录入。来自不同文献的数据资料也未能逐一注明和加以详尽解释，在此特向所有被引用和参考文献与数据的作者表示崇高的敬意和诚挚的感谢！向被本书引用而未能列入参考文献的作者和未能注明数据来源的单位和个人致以深深的歉意！

本书由北京联合大学应用科技学院学术著作出版资助，北京联合大学应用科技学院为课题研究工作顺利完成创造了良好条件。衷心感谢北京市哲学社会科学规划办公室和北京联合大学应用科技学院的资助与支持！

杨　博

2025年5月